Le droit des collectivités territoriales

La collection LE DROIT EN PLUS est animée par *Patrick Maistre du Chambon*, doyen et *Bruno Petit*, professeur à la faculté de droit de l'université Pierre Mendès France de Grenoble, en liaison avec le département de télé-enseignement de la faculté de droit de Grenoble.

BP 47 – 38 040 Grenoble cedex 9
Tél : 76 82 56 51
ISBN 2 7061 0761 8

Jacqueline DOMENACH
avec la collaboration de Chantal Dufresne

Le droit des collectivités territoriales

PRESSES UNIVERSITAIRES DE GRENOBLE
1997

Dans la même collection :

Bruno Petit, *Introduction générale au droit*, 1994, 2e édition

Jean-Claude Montanier, *Les sources des obligations*
I – Le contrat, 1996, 3e édition

Philippe Conte, Patrick Maistre du Chambon,
La responsabilité civile délictuelle, 1994, 2e édition

Philippe Conte, Bruno Petit, *Les incapacités*, 1992

Philippe Conte, Bruno Petit, *Les personnes*, 1995, 2e édition

Jean-Claude Montanier, *Les régimes matrimoniaux*, 1997, 3e édition

Patrick Maistre du Chambon, *Le régime des obligations civiles*, 1992

Paul Leroy, *Les régimes politiques du monde contemporain,*
Tome I – Les Etats libéraux, 1992
Tome II – Les régimes politiques des Etats socialistes et des Etats du tiers monde, 1992
Tome III – Le régime politique et l'organisation administrative de la France, 1994

Jacqueline Domenach, *Le droit des collectivités locales*, 1993

Bernard Jacquier, *Relations internationales*
Tome I – Les acteurs du système international contemporain, 1993
Tome II – Les rapports internationaux contemporains, 1993

Philippe Salvage, *Droit pénal général*
Edition à jour du nouveau Code pénal, 1993

Michel Rousset, *Droit administratif*
Tome I – L'action administrative, 1993
Tome II – Le contentieux administratif, 1994

Gérard Chianéa, *Histoire des institutions publiques de la France*
Tome I – Du démembrement à la reconstitution de l'Etat (476-1492)
Tome II – Essor et déclin de l'Etat monarchique
Tome III – L'Etat moderne en formation (1789-1870)

Pascale Salvage-Gerest, *Sûretés et publicité foncière*, 1994

Henri Bendjouya, *Procédure civile*, 1995

Aude Benoît, *Droit de l'emploi*, 1995

Philippe Simler, *Les biens*, 1996

Frédérique Granet, *Le droit de la famille*, 1997

Bernard Saintourens, *Droit des affaires*, 1997

INTRODUCTION

L'administration territoriale de la France est le résultat d'une lente construction historique et d'un processus de profondes réformes engagé depuis le début des années 80. Ce manuel est une présentation des différentes dimensions du droit des collectivités territoriales : aspects institutionnels, modalités de l'action du pouvoir local, analyse de la fonction publique territoriale et étude des finances locales. A travers ce bilan, il s'agira d'appréhender la nature des grandes mutations qui ont caractérisé l'administration du territoire et les multiples adaptations de la législation.

En effet, la réorganisation du pouvoir local mise en œuvre à partir de 1981 bouleverse le modèle traditionnel de l'administration du territoire. Ce mouvement est étroitement lié à la politique de modernisation de l'Etat et à la volonté de renforcer la démocratie. Cette mutation est complétée par un ensemble de dispositions spécifiques relatives à la situation des élus locaux, à la répartition des compétences ou encore au statut des agents locaux.

En outre, l'exercice du pouvoir local est l'enjeu de diverses transformations. Les objectifs de modernisation, de démocratisation, de contrôle, d'efficacité et d'adaptation au contexte européen ont des incidences importantes sur le droit qui régit le pouvoir local. Les domaines les plus touchés sont ceux de la responsabilité des élus locaux, de la démocratie locale, des regroupements des collectivités territoriales, de la gestion des services publics et enfin des finances locales.

Après dix ans d'application de la réforme, de nouvelles solutions sont mises en œuvre. La loi du 6 février 1992 relative à l'*administration territoriale de la République* redéfinit les relations entre l'Etat et les collectivités territoriales, tandis que la loi du 4 février 1995 relative à l'*aménagement du territoire* apporte également des solutions nouvelles.
Cette étude a donc pour but de mettre en évidence le contexte et la nature des changements intervenus depuis plus de quinze ans et de développer les aspects institutionnels, les règles de l'action locale, les modalités de l'organisation des territoires, les compétences, ainsi que l'étude des moyens humains et financiers.

CHAPITRE I

L'histoire et les principes de l'organisation administrative du territoire

Le système politique local s'inscrit dans un lent mouvement historique qui commence à la fin du XVIIIe siècle, pour se prolonger jusqu'au début des années 80. L'administration territoriale relève également de modalités d'organisation originales et d'un ensemble de principes à valeur constitutionnelle

SECTION I
L'HISTOIRE DE L'ORGANISATION ADMINISTRATIVE DU TERRITOIRE

L'histoire de l'organisation du territoire est la conséquence de la rencontre entre diversité et unité, entre autonomie et centralisation. Si les tendances unitaires de l'Etat l'emportent nettement dans la construction du modèle républicain, les textes vont peu à peu à peu renforcer la décentralisation.

§ 1 – L'AFFIRMATION DE L'UNITÉ DE L'ÉTAT

A. *L'Ancien Régime*

Comme le montre A. de Tocqueville dans *L'Ancien Régime et la Révolution,* l'unité du pouvoir administratif se construit peu à peu au cours des siècles. Cependant, le pouvoir royal est confronté à la réalité d'un pouvoir local qui a su s'affirmer vis-à-vis du pouvoir féodal. Les communes se sont développées sur la base de chartes qui leur reconnaissent des droits et des privilèges. De plus, des formes d'organisation originales sont apparues avec les villes franches, les communautés villageoises ou les Etats provinciaux. Mais, le pouvoir royal parvient à imposer son autorité sur l'organisation politique et administrative du territoire. En nommant des agents tels que les contrôleurs généraux et les intendants, il met en place un contrôle étroit sur l'ensemble du territoire. Ces représentants ont de multiples compétences dans les domaines administratif, judiciaire et fiscal.

Avec ce système, les pouvoirs des institutions locales sont de plus en plus réduits, tandis que le rôle des représentants du pouvoir royal s'étend.

B. *La période révolutionnaire*

L'idéologie révolutionnaire est traversée par des courants contradictoires que l'historiographie a résumés dans l'opposition entre girondins et jacobins. Si la diversité des conceptions politiques est plus complexe, il est juste d'affirmer qu'au nom du principe d'égalité, l'unité du pouvoir l'emporte sur l'autonomie locale. Si dans un premier temps (1789-1792), la tendance est nettement décentralisatrice, le mouvement s'inverse très rapidement.

De nombreux textes révolutionnaires annoncent l'œuvre de mise en ordre du Consulat et de l'Empire fondée sur un système uniforme, centralisé et hiérarchisé. Le régime révolutionnaire supprime les découpages d'Ancien Régime et les remplace par de nouvelles divisions territoriales : les départements et les communes. L'uniformité remplace la diversité. Le découpage des circonscriptions renvoie pour l'essentiel à des critères rationnels. Toutefois, ce mouvement de réforme fait une assez large place à l'autonomie locale, en reconnaissant aux nouvelles entités territoriales des compétences propres d'intérêt local placées sous la responsabilité d'autorités élues. Mais, face au péril de l'unité nationale, ces principes sont rapidement mis en cause. Dès la Convention, le pouvoir central limite les libertés locales. Le régime du Directoire va confirmer ces tendances et annoncer le centralisme napoléonien.

C. *Le centralisme napoléonien*

Le régime napoléonien définit les principes de l'organisation du pouvoir autour de l'unité, de la centralisation, de l'uniformité et de la hiérarchie des fonctions. Ce modèle va s'imposer aux différents régimes politiques ultérieurs.

L'organisation administrative du territoire est fondée sur la toute-puissance du pouvoir central. A cette fin, la loi du 28 pluviôse an VIII crée le préfet qui représente le pouvoir central au niveau du département et qui est seul chargé de l'administration, à l'exclusion de toute autre autorité. Le préfet symbolise l'unité du pouvoir central au niveau territorial. De plus, en vertu de son rôle politique, il assure le contrôle des idées.

Ce système déconcentré aboutit à l'exclusion de toute autonomie locale. Les maires sont nommés par le pouvoir central et sont soumis, sous le contrôle étroit des préfets et des sous-préfets, aux ordres du gouvernement. Cette conception est clairement énoncée par Chaptal dans son discours, prononcé devant le Corps législatif lors de la séance du 28 pluviôse an VIII, qui précise notamment que « le préfet est essentiellement occupé de l'exécution, transmet les ordres au sous-préfet ; celui-ci aux maires des villes, bourgs et villages, de manière à ce que la chaîne d'exécution descende sans interruption du ministre à l'administré, et transmette la loi et les ordres du gouvernement jusqu'aux dernières ramifications de l'ordre social avec la rapidité du fluide électrique ».

Cependant, le modèle napoléonien fait l'objet de critiques de plus en plus nombreuses de la part notamment des monarchistes et des nostalgiques de l'Ancien Régime. Au nom des libertés locales, un lent mouvement de réforme se développe. Mais l'affirmation du pouvoir local ne remet pas en cause la conception unitaire du pouvoir d'Etat.

§ 2 – Le renforcement de la décentralisation

Les régimes qui succèdent à l'Empire consacrent une certaine reconnaissance du pouvoir local, tout en conservant les principes du modèle centralisé. Les préfets demeurent un rouage essentiel de l'organisation de l'administration et du contrôle des autorités locales. A partir de la monarchie de Juillet, on assiste à une libéralisation prudente avec l'élargissement des attributions des conseils locaux et l'élection au suffrage censitaire des autorités locales. Le Second Empire revient au système établi par la constitution de l'an VIII. La IIIe République pose les bases de l'organisation administrative décentralisée compatibles avec la conception d'un Etat unitaire et centralisé. Après la Libération, le mouvement des idées enrichit le débat sur l'organisation locale et les mutations sont importantes malgré la timidité des réformes.

A. *L'œuvre de la IIIe République*

La centralisation administrative en France n'est pas synonyme de tyrannie politique (P. Legendre, *Histoire de l'administration de 1750 à nos jours*, p. 145), mais elle est au contraire conforme à la réalisation des valeurs républicaines et notamment à la mise en œuvre du principe d'égalité. Le régime républicain va cependant répondre aux aspirations locales, tout en veillant au respect de l'unité de l'Etat. La reconnaissance de pouvoirs au bénéfice des départements et des communes favorise l'élargissement des élites politiques, rouage essentiel du soutien au régime de la IIIe République.

Ce compromis républicain aura une influence considérable sur l'organisation administrative du territoire.

1° L'organisation des départements et des communes

Le pouvoir local est organisé autour des départements et des communes. L'émergence d'assemblées locales représentatives résulte pour les départements de la loi fondamentale du 10 août 1871 qualifiée de *Code de l'administration départementale* et pour les communes de la loi du 5 avril 1884 (reprise du texte du 14 avril 1871) dite *Charte municipale*. Trois principes gouvernent la décentralisation : élection des assemblées locales, uniformité du régime juridique et contrôle étroit du pouvoir central.

Au niveau des départements, le modèle défini en 1871 restera presque inchangé jusqu'en 1982. Le conseil général, assemblée délibérante du département, est composé de représentants élus au suffrage universel direct dans le cadre cantonal et au scrutin uninominal, majoritaire à deux tours pour six ans et renouvelables par moitié tous les trois ans. Le texte de 1871 crée une commission départementale, émanation du conseil général qui dispose d'attributions propres et de compétences déléguées par le conseil. Par contre, l'organe exécutif du département est le préfet. Le département de la Seine est soumis à un régime dérogatoire.

Au niveau communal, le texte de 1884 applique un régime uniforme à toutes les communes, quelle que soit leur taille, à l'exception de Paris qui est exclu du processus de décentralisation. Le conseil municipal, assemblée délibérante de la commune, est élu pour six ans au suffrage universel direct et au scrutin de liste majoritaire à deux tours. A la différence du département, l'organe exécutif est confié au maire élu par l'assemblée municipale. L'autonomie municipale est limitée par les pouvoirs reconnus au préfet qui exerce une étroite tutelle sur les actes et les organes de la commune.

2° La nature du compromis républicain

Le préfet est donc au centre du dispositif de l'organisation de l'administration locale et il assure l'unification politique et administrative face aux pouvoirs locaux. Ainsi, le modèle de décentralisation défini sous la IIIe République réalise un équilibre original entre l'unité de l'Etat et la représentation politique des populations au niveau local. Les lois de 1871 et de 1884 ont contribué à l'existence d'une étroite imbrication entre les deux systèmes d'organisation du territoire que sont la décentralisation et la déconcentration.

D'un point de vue sociologique, de nombreuses analyses ont montré que l'administration locale se caractérise par d'étroites relations entre l'autorité préfectorale et les élus, qualifiés de notables. Ce modèle puise sa stabilité dans la référence au principe d'égalité et dans les mécanismes de la représentation politique dont le cumul des mandats est un des éléments essentiels (P. Grémion, *Le Pouvoir périphérique*).

B. *Le mouvement de réforme de la Libération à 1982*

Jusqu'à la seconde guerre mondiale, les réformes sont limitées à un allégement de la tutelle administrative et à une extension des compétences des autorités locales. Après la Libération, l'évolution de la société française impose l'adaptation de l'appareil administratif. Le processus de réforme concerne essentiellement les administrations centrales et déconcentrées. Par contre, le droit des collectivités locales reste inchangé, à l'exception du renforcement et de la diversification des contrôles techniques et financiers. Pourtant, les mutations sociales vont avoir une influence sur le système d'organisation locale et un mouvement de réflexion favorable au renforcement du pouvoir local se développe.

L'objectif de modernisation de l'Etat conduit à la reconnaissance d'un nouvel espace d'administration au niveau de la région, puis à la consécration d'un pouvoir régional, et enfin à la rationalisation de l'action de l'Etat au niveau des départements.

1° La reconnaissance de l'espace régional

La région occupe une place particulière dans l'histoire administrative française. La création des départements constitue une rupture avec le découpage territorial des provinces d'Ancien Régime considéré comme une menace pour l'unité nationale. Le régionalisme est une idée défendue tant par les socialistes proudhoniens que par les partisans de la droite traditionaliste et nationaliste de Maurras. La région est au cœur d'enjeux idéologiques importants et elle n'a pas les faveurs du régime républicain. Pour éviter toute confusion avec le régionalisme politique, les réformateurs optent pour une conception administrative de l'organisation régionale fondée sur un découpage territorial qui ignore l'histoire. L'espace régional est dans un premier temps une réponse à des problèmes spécifiques avant de devenir un aspect de la modernisation de l'Etat.

a) La région est une solution à des problèmes spécifiques

La loi du 19 avril 1941 institue dix-huit préfets régionaux pour répondre aux exigences de l'ordre public et aux nécessités économiques liées à la situation de guerre. Le régime provisoire de la Libération a recours à des commissaires régionaux de la République pour faire face à la désorganisation de l'administration. Si cette institution disparaît dès 1946, la gravité de la situation sociale en 1947, du fait notamment des mouvements de grève, conduit le pouvoir à mettre en place des structures de coordination des pouvoirs civils et militaires, afin d'assurer le maintien de l'ordre. Les inspecteurs généraux de l'administration en mission extraordinaire (Igame) exercent leurs compétences sur une zone qui couvre plusieurs départements, à l'instar des régions militaires.

b) La région est une réponse à la modernisation de l'État

Les nouvelles logiques qui sous-tendent l'action de l'Etat à travers la planification, la politique économique et l'aménagement du territoire modifient les conceptions de l'organisation du territoire. Au sein de l'administration centrale, les modernisateurs chargés de mettre en œuvre ces nouvelles politiques et, en particulier, le Commissariat général au plan et la Délégation à l'aménagement du territoire (Datar), défendent l'idée d'une adaptation du découpage territorial aux nouvelles modalités de l'action. La définition de solutions conduit à la mise en place d'une régionalisation administrative, dans le respect du modèle traditionnel d'administration. Les réformes aboutissent à la superposition de lieux de décision et non à une réorganisation d'ensemble de l'administration déconcentrée. La méthode est progressive et empirique. Elle est dominée par la nécessité de définir des compromis entre modernisation et maintien du *statu quo* d'une part, et entre adaptation de l'Etat et décentralisation d'autre part. Enfin, elle évite le débat législatif.

Dès 1954, les responsables économiques et politiques tentent d'apporter des réponses aux conséquences de l'urbanisation, en constituant des associations pour le développement économique. Ces structures qui regroupent les représentants des activités économiques et sociales et des collectivités territoriales se transforment en comités d'expansion économique reconnus par les pouvoirs publics comme des interlocuteurs officiels. Ce mode de représentation socio-économique aura une large influence.

Puis, le gouvernement opte pour un remodelage de la carte administrative, afin de favoriser une meilleure coordination des politiques. Le décret-loi du 30 juin 1955 crée des régions de programme chargées de mettre en œuvre les programmes d'action régionale. En 1959 et en 1960, les textes définissent de nouveaux cadres d'action : les circonscriptions d'action régionale. Ce découpage territorial répond aux exigences des besoins de la planification et de l'aménagement du territoire, sans référence aucune à la dimension historique. Les vingt-deux nouvelles circonscriptions sont dotées d'un préfet coordonnateur et d'une conférence interdépartementale.

En 1964 (décret du 14 mars), ce niveau territorial est doté d'une structure administrative permanente et uniforme pour la mise en œuvre des politiques économiques et d'aménagement du territoire. A sa tête se trouve le préfet de région, assisté d'une mission régionale composée de chargés de mission provenant de différents ministères. Il préside la conférence administrative régionale, organe consultatif composé des préfets de départements de la région, du trésorier-payeur général et de l'inspecteur général de l'economie nationale. Le texte de 1964 crée aussi la commission de développement économique régional (Coder), organe consultatif réunissant les élus locaux, les représentants des intérêts socioprofessionnels et des personnalités qualifiées. Si ce modèle d'organisation modifie les relations entre l'Etat et les collectivités territoriales, il ne bouleverse pas le modèle traditionnel. Cependant, cette régionalisation fonctionnelle (J. Moreau, *Administration régionale, départementale et municipale*, p. 172) a des conséquences non négligeables au niveau politique.

2° La reconnaissance d'un pouvoir régional

A partir du milieu des années 60, la réforme régionale a une signification non seulement administrative, mais aussi politique. Le projet présenté par le général De Gaulle en 1969 participe de cette évolution. A la suite de l'échec du référendum, la réforme régionale de 1972 se veut une réponse de compromis.

a) Le projet de réforme régionale du général De Gaulle

Le projet du général De Gaulle est ambitieux et s'inscrit dans l'idée que « l'effort multiséculaire de centralisation, qui fut longtemps nécessaire à notre pays pour réaliser et maintenir son unité (...), ne s'impose plus désormais et que au contraire, ce sont les activités régionales qui apparaissent comme les ressorts de la puissance de demain » (discours prononcé à Lyon le 24 mars 1968). Le texte de 1969 fait de la région le lieu de renouvellement des intérêts politiques et l'érige en collectivité territoriale à compétence spécialisée. L'organisation de cette nouvelle collectivité est originale. Le conseil régional associe deux modes de représentation : les conseillers élus par la population et les conseillers désignés par les organisations économiques, sociales et culturelles. Toutefois, l'autonomie de la région est limitée par le fait que le pouvoir exécutif est confié au préfet de région et par l'absence de services administratifs propres.

Une telle conception heurte directement les intérêts des partis politiques et des élus locaux qui, dans leur grande majorité, sont défavorables à la réforme. Le projet présenté conjointement avec la réforme du Sénat est rejeté par le peuple français le 27 avril 1969.

b) La réforme régionale du 5 juillet 1972

La réforme proposée par le président Pompidou est une solution de compromis. La région est conçue « comme l'union des départements et non comme un organe de mise en tutelle des départements, en vue d'assurer la gestion des grands équipements collectifs ». Cette conception fédératrice est conforme aux intérêts des diverses forces politiques.

Le découpage territorial antérieur n'est pas modifié. La région est qualifiée d'établissement public territorial.

L'administration régionale est confiée à trois organes :

– le conseil régional, composé d'élus de la région et qui est l'organe délibérant;

– le comité économique et social qui a un rôle consultatif et assure la représentation des intérêts professionnels, économiques et sociaux;

– le préfet de région qui est l'organe exécutif.

Les compétences de la région sont pour l'essentiel d'ordre économique. Elles sont limitées à des études, des propositions et des participations à des financements. La région n'est pas érigée en lieu d'administration et de gestion.

3° La modernisation de l'administration départementale

La modernisation de l'Etat passe également par la réforme de l'administration départementale. Le département est dans une situation tout à fait originale. En tant que collectivité locale, il voit l'organe exécutif confié au préfet, également représentant de l'Etat dans la circonscription départementale. Cette double qualité du territoire départemental est une des caractéristiques essentielles de l'administration territoriale française que les sociologues des organisations analyseront avec précision en retenant qu'« au centre du système s'établissent des relations entre le préfet et ses notables, mais aussi entre le préfet et ses chefs de services extérieurs » (J.-L. Quermonne, *L'Appareil administratif de l'Etat,* p. 115). L'administration préfectorale est donc l'élément essentiel de l'organisation du pouvoir au niveau local.

Outre le mouvement de régionalisation, on assiste en 1964 à la réorganisation des services de l'Etat au niveau du département. Le premier but de la réforme est de rationaliser la représentation territoriale de l'administration d'Etat. Sous la IVe République, la multiplication des services extérieurs s'était faite de façon désordonnée. Il s'agit donc d'assurer une harmonisation des circonscriptions tant au niveau régional que départemental. Les services extérieurs départementaux sont organisés en directions départementales.

Le décret du 14 mars 1964 (relatif au *préfet de département*) vise à renforcer l'unité des services extérieurs des ministères, afin de remédier à la tradition verticale de l'action des administrations d'Etat. Le pouvoir du préfet est redéfini pour devenir le représentant unique du gouvernement et pour affirmer son rôle de coordonnateur des services extérieurs. A cette fin, le texte précise que le préfet est «le dépositaire de l'autorité de l'Etat dans le département, le délégué du gouvernement et le représentant direct de chacun des ministères». De plus, «sous l'autorité des ministres compétents, il anime et coordonne les services départementaux des administrations civiles de l'Etat et assure la direction générale de l'activité des fonctionnaires de ces services». Enfin, «il a seul qualité pour recevoir délégation des ministres». Sont exclus de ce mouvement l'Education nationale, l'administration fiscale et l'Inspection du travail.

Face à l'affirmation du pouvoir du préfet, les chefs des services extérieurs revendiquent leur spécificité de corps technique et tentent de conserver une large autonomie, notamment en établissant des relations directes avec leur ministère et avec les élus locaux.

SECTION II
LES MODALITÉS ET LES PRINCIPES DE L'ORGANISATION ADMINISTRATIVE

L'organisation administrative du territoire repose sur deux modalités étroitement imbriquées : la déconcentration et la décentralisation. De plus, le principe constitutionnel de libre administration des collectivités territoriales a favorisé la reconnaissance d'un véritable statut constitutionnel aux collectivités décentralisées.

§ 1 – LES MODALITÉS DE L'ORGANISATION ADMINISTRATIVE

A. *L'organisation de l'administration déconcentrée*

La déconcentration est un système d'organisation administrative dans lequel le gouvernement délègue une partie de son pouvoir à des agents nommés et qui ont pour mission de le représenter au sein de circonscriptions. La déconcentration n'est donc qu'un aménagement de la centralisation et se distingue très nettement de la décentralisation. Le pouvoir central exerce ainsi ses missions au niveau local et, de ce fait, l'action administrative est plus rapide, plus efficace et plus proche des citoyens. L'autorité locale représente l'Etat et non la circonscription dans laquelle elle intervient. Elle est soumise à l'autorité hiérarchique du pouvoir central.

1° Les circonscriptions administratives

L'administration d'Etat dispose sur l'ensemble du territoire d'un vaste réseau d'autorités administratives et de services extérieurs. Cette organisation impose un découpage en circonscriptions qui servent de cadres d'action au pouvoir central dont la plupart correspond à un nombre indéterminé de services et sont dites d'administration générale. D'autres renvoient au contraire à un service ou à un ministère déterminé tels que les ressorts des cours d'appel et des tribunaux administratifs, les académies, les régions sanitaires...

Parmi les circonscriptions d'administration générale, on distingue cinq niveaux : la région, le département, l'arrondissement, le canton et la commune. Au sein de ce dispositif, le département occupe la place centrale avec une représentation de la grande majorité des ministères. Cependant, la circonscription régionale joue un rôle de plus en plus important dans la mise en œuvre des politiques nationales. L'arrondissement, avec à sa tête le sous-préfet, est le lieu d'un nombre réduit de services. Le canton est essentiellement une circonscription électorale pour la désignation des conseillers généraux. Enfin, la commune est le lieu de quelques prérogatives exercées par le maire en tant qu'agent de l'Etat.

La multiplicité des circonscriptions pose des problèmes d'harmonisation de l'action publique que la loi du 6 février 1992 tente de résoudre.

2° Les autorités administratives

Les autorités placées à la tête des circonscriptions exercent leurs attributions au nom de l'Etat. Cette déconcentration au profit d'échelons territoriaux a pour but de rapprocher l'administration des administrés. Deux catégories de services coexistent : la préfecture, administration à compétence générale d'une part, et les services déconcentrés, prolongements des différents ministères spécialisés, d'autre part. Cette dualité, difficile à mettre en œuvre, explique la succession des réformes visant à renforcer les pouvoirs du préfet.

a) Le préfet

Depuis sa création par la loi du 28 pluviôse an VIII, le préfet joue un rôle déterminant dans l'administration du département. Jusqu'en 1982, il était à la fois le représentant du pouvoir central et l'organe exécutif de la collectivité départementale. En tant que représentant du gouvernement, il occupe une place essentielle dans le système de l'administration territoriale de l'Etat. Afin d'assurer au préfet cette place prépondérante et d'adapter sa mission aux mutations de l'action administrative, les textes ont peu à peu renforcé et précisé ses pouvoirs. Si le préfet a de multiples fonctions d'ordre à la fois politique et administratif, son rôle le plus important est, sans aucun doute, la mise en cohérence de l'action administrative au sein du département. Le décret du 14 mars 1964 relatif « aux pouvoirs des préfets et à l'organisation des services de l'Etat dans les départements» affirmait que le préfet «délégué du gouvernement et représentant direct de chacun des ministères (...) anime et coordonne les services départementaux des administrations civiles de l'Etat».

L'analyse de l'histoire a montré que, pour répondre aux exigences des politiques économique, et de l'aménagement du territoire, les réformes ont consacré peu à peu l'idée d'une administration régionale. Le préfet de région, qui est aussi le préfet du département chef-lieu de la circonscription, est chargé de l'impulsion et de la coordination des politiques d'aménagement du territoire et de l'action économique.

b) Les services extérieurs

L'organisation territoriale des ministères est essentiellement départementale. Elle est constituée par les services extérieurs, dénommés depuis 1992 services déconcentrés. Parmi les plus importants, on peut citer la direction départementale de l'équipement (DDE), la direction départementale de l'agriculture (DDA), la direction départementale des affaires sanitaires et sociales (DDASS). Le ministère de l'Economie et des Finances est représenté par la trésorerie générale, la direction départementale des services fiscaux et la direction de la concurrence et de la consommation. Certains ministères, comme celui de la culture, ont une représentation régionale.

3° Le contrôle hiérarchique

Les organes déconcentrés sont soumis au pouvoir hiérarchique des autorités centrales. Ce pouvoir est très différent de la tutelle qui caractérise les relations entre les collectivités territoriales et l'administration d'Etat jusqu'en 1982. Il correspond au contrôle que détient tout supérieur hiérarchique sur ses subordonnés dans l'administration. C'est un pouvoir inconditionné qui s'exerce même sans texte ; il est la source de multiples prérogatives qui permettent à l'autorité hiérarchique de donner des ordres à ses subordonnés, de réformer ou d'annuler leurs décisions. Ce contrôle comporte également un pouvoir d'instruction et d'évocation qui autorise le supérieur à imposer des décisions à ses subordonnés ou à les prendre à leur place. Enfin, ce pouvoir porte non seulement sur la légalité des décisions, mais aussi sur leur opportunité.

Le contrôle hiérarchique qui caractérise les relations au sein de l'administration s'exprime notamment sous la forme de notes de services et de circulaires. Toutefois, le développement des réflexions sur la modernisation de l'administration et du service public a mis en évidence la nécessité de développer d'autres modes de relations fondés sur la collaboration des agents et sur leur responsabilisation.

B. *L'organisation de l'administration décentralisée*

La décentralisation se caractérise par la reconnaissance de collectivités territoriales, administrées par des autorités élues et soumises, jusqu'en 1982, à un contrôle de tutelle.

1° Les collectivités territoriales

Les collectivités territoriales sont des entités qui, à la différence des circonscriptions administratives, ont une existence juridique propre. Elles sont dotées de la personnalité morale et bénéficient d'une réelle autonomie.

La personnalité morale permet de donner à un territoire une existence juridique distincte de celle de l'Etat. Elle conduit à la reconnaissance d'intérêts collectifs spécifiques. La collectivité dispose d'organes chargés de la représenter et de moyens propres, et elle est titulaire d'un ensemble de droits et d'obligations. Parmi les personnes morales de droit public, il convient de distinguer l'Etat qui est titulaire de la souveraineté et les collectivités territoriales qui sont seulement autonomes. Les collectivités ont une compétence générale, à la différence des établissements publics qui sont soumis au principe de spécialité.

Conformément à l'article 72 de la constitution de 1958, les collectivités territoriales « s'administrent librement par des conseils élus et dans les conditions prévues par la loi ». Elles ont leur budget, leur personnel et un patrimoine. Cependant, il convient de noter que, jusqu'en 1982, l'autonomie est limitée par le fait que le pouvoir exécutif départemental et régional est confié au préfet.

2° Les autorités décentralisées

Les autorités qui administrent les collectivités territoriales représentent la population locale et disposent de compétences distinctes, celles de l'Etat. Pour que l'intérêt local soit pris en compte, il est essentiel que les autorités soient élues par la population. C'est au cours du XIXe siècle que ce principe est définitivement consacré. Les collectivités territoriales sont gérées par des assemblées délibérantes dont les membres sont élus par la population.

La logique de la décentralisation aurait dû imposer le même principe au niveau de l'organe exécutif. Pourtant, la méfiance du pouvoir central va conduire à la mise en place d'une organisation hybride peu compatible avec l'autonomie du pouvoir local. Si, au niveau communal, le pouvoir exécutif appartient au maire qui est choisi parmi les membres du conseil municipal, au niveau du département et de la région, le système du « dédoublement fonctionnel » aboutit à confier cette fonction au préfet. La réforme de la décentralisation de 1982 rompt définitivement avec ce système, en transférant l'exécutif départemental et régional à l'organe élu. Cette méfiance du pouvoir central se retrouve dans la définition des relations entre l'Etat et les collectivités locales qui sont soumises au système de la tutelle.

3° La tutelle

La tutelle est le contrôle exercé par l'Etat sur les organes décentralisés et sur leurs actes. Juridiquement, ce pouvoir est très différent du contrôle hiérarchique. Il ne met pas en relation un supérieur et des autorités subordonnées, mais une autorité de contrôle et des autorités autonomes. Par conséquent, c'est un pouvoir conditionné, mais le contrôle ne se présume pas; il n'existe que dans les cas et selon les formes prévus par la loi, conformément au principe *pas de tutelle sans texte*. Il ne peut pas se traduire par des ordres de la part de l'autorité de contrôle. Il consiste pour l'essentiel en une capacité d'empêcher ou d'approuver. La tutelle a pour but de faire respecter la règle de droit et elle ne peut aboutir à ajouter des prescriptions complémentaires. Les différentes modalités sont : l'annulation, l'approbation des actes et dans certaines conditions la substitution. A l'égard des personnes, ce pouvoir se traduit par la révocation. Les décisions de l'autorité de tutelle sont des actes administratifs susceptibles de recours pour excès de pouvoir devant le juge administratif. Cette forme de contrôle a été supprimée par la loi du 2 mars 1982.

§ 2 – LE STATUT CONSTITUTIONNEL DES COLLECTIVITÉS TERRITORIALES

La définition de la décentralisation dans ses dimensions juridique et historique caractérise de façon incomplète le statut du pouvoir local. Il a également une dimension constitutionnelle. La logique de l'organisation administrative du territoire est largement déterminée par des principes tels que ceux de l'indivisibilité de la République, de la souveraineté nationale, de la continuité du service public ou encore de l'égalité. A cet ensemble, s'ajoute le principe de libre administration des collectivités territoriales consacré par l'article 72 de la Constitution. La conciliation entre ces différents principes est délicate et les nombreuses décisions du Conseil constitutionnel, intervenues depuis 1982, ont permis de préciser le contenu de la libre administration au regard à la fois des principes qui gouvernent l'organisation du pouvoir d'Etat et l'exercice des pouvoirs locaux.

A. *Les principes constitutionnels de l'organisation du pouvoir d'État*

Les articles 2 et 3 de la Constitution définissent à la fois l'origine du pouvoir et ses caractéristiques. L'article 2 précise que «la France est une République indivisible» et pose le principe de l'égalité de tous les citoyens devant la loi. L'article 3 affirme que «la souveraineté nationale appartient au peuple qui l'exerce par ses représentants et par la voie du référendum et qu'aucune section du peuple ne peut s'en attribuer l'exercice». Ces principes conditionnent la nature du pouvoir des collectivités territoriales qui doit être compatible avec le caractère unitaire de l'Etat. La décision du Conseil constitutionnel du 9 mai 1991 rendue à propos du projet de loi relatif à la *collectivité territoriale de Corse* définit la portée de la conciliation entre les principes constitutionnels. Le Conseil a censuré la disposition de l'article 1 du projet de loi qui faisait référence à la notion *de peuple corse, composante du peuple français*, en référence à l'unité du peuple français, et à l'article 2 de la Constitution. Cependant, l'unité est compatible avec l'existence de statuts spécifiques.

En outre, le pouvoir local relève du champ de l'administration et non de celui du politique. Ce caractère justifie les limites apportées aux libertés locales au nom de l'unité et de l'égalité. Cette conception est à l'origine de controverses nombreuses concernant l'existence et la nature juridique du pouvoir réglementaire local. La synthèse des différentes conceptions conduit à considérer que le pouvoir réglementaire local est un pouvoir conditionné, non autonome et soumis au contrôle de l'autorité étatique.

Le principe d'égalité et le respect des libertés publiques justifient d'autres restrictions à la libre administration, ainsi que le rappelle le Conseil, notamment dans sa décision du 18 janvier 1985 rendue à propos du projet de loi sur l'*enseignement privé* et dans celle du 13 janvier 1994 sur la même question. Le Conseil précise que «si le principe de libre administration des collectivités locales a valeur constitutionnelle, les dispositions que le législateur édicte ne sauraient conduire à ce que les conditions essentielles d'application d'une loi relative à l'exercice de la liberté de l'enseignement dépendent de décisions de collectivités territoriales, et ainsi, puissent ne pas être les mêmes sur l'ensemble du territoire».

Le principe de continuité de l'Etat et la défense de l'intérêt national (art. 5 de la Constitution) peuvent justifier également des obligations pour le pouvoir local. Ainsi, le Conseil, dans sa décision du 29 mai 1990 au sujet du respect du droit au logement pour les personnes défavorisées, a qualifié ce droit *d'exigence d'intérêt national.* Quant au principe de souveraineté, il explique le caractère exclusivement consultatif du référendum local.

Enfin, l'article 34 de la constitution précise que la «loi fixe les règles concernant le régime électoral des assemblées locales et détermine les principes fondamentaux de la libre administration des collectivités locales, de leurs compétences et de leurs ressources». Le principe de libre administration est donc, sous le contrôle du juge, un critère de répartition des compétences entre le pouvoir législatif et le pouvoir réglementaire. De plus, aux termes de la constitution de 1958, le Sénat «assure la représentation des collectivités territoriales de la République» et occupe une place fondamentale dans la défense des intérêts locaux.

B. *Les principes constitutionnels de l'exercice des pouvoirs locaux*

Selon l'article 72 de la Constitution, «les collectivités territoriales de la République sont les communes, les départements, les territoires d'outre-mer. Toute autre collectivité territoriale est créée par la loi.» Ce texte ajoute que «ces collectivités s'administrent librement par des conseils élus et dans les conditions prévues par la loi, et que dans les départements et les territoires, le délégué du gouvernement a la charge des intérêts nationaux, du contrôle administratif et du respect des lois».

Le principe de libre administration des collectivités territoriales avait été consacré par la constitution de 1946. Il a pour corollaire l'élection des conseils qui sont dotés d'attributions effectives. Il est l'expression de la démocratie et de l'autonomie locales. Toutefois, l'organe exécutif peut être nommé (décision du Conseil constitutionnel des 8 et 23 août 1985 à propos de la *Nouvelle-Calédonie*). Il implique également la compétence du législateur pour fixer les conditions d'exercice du pouvoir local.

Mais la liberté reconnue aux collectivités territoriales est conditionnée par la sauvegarde des intérêts nationaux et par le respect de la légalité. Le représentant de l'Etat est chargé de la garantie de ces exigences. La portée du principe de libre administration a fait l'objet de plusieurs décisions. Ainsi, le juge constitutionnel rappelle dans sa décision du 25 février 1982 que le délégué du gouvernement doit être en mesure de pouvoir exercer effectivement son contrôle sur les actes des collectivités territoriales. Sur ce fondement, le Conseil censure la disposition du projet de loi de février 1982 qui affirmait que «les actes des collectivités territoriales sont exécutoires de plein droit», au motif que cette règle ne permettait pas au préfet d'exercer son contrôle. A la suite de cette décision, le législateur pose la règle suivant laquelle « les actes des autorités locales ne peuvent être exécutoires qu'après leur transmission au délégué du gouvernement, qui pourra saisir le juge administratif s'il estime ces actes illégaux ». Dans sa décision du 20 janvier 1993 rendue à propose de la loi anti-corruption, le Conseil précise la nature du pouvoir du représentant de l'Etat, en considérant que la marge d'appréciation excessive dont dispose le préfet et la durée trop longue pendant laquelle les collectivités ne pouvaient agir sont non conformes à la Constitution.

Enfin, le principe de libre administration a des conséquences sur la nature des prérogatives des autorités locales. Dans sa décision du 20 janvier 1984, rendue à propos du projet de loi sur la *fonction publique territoriale*, le Conseil a rappelé les pouvoirs liés à la liberté des autorités locales en matière de personnel : création et suppression d'emplois, pouvoir de nomination, de notation, d'avancement, pouvoir disciplinaire et possibilité de licencier un agent pour insuffisance professionnelle. Le Conseil souligne notamment que « l'autorité territoriale est libre, dans le respect de la loi, du recrutement de ses agents » et elle peut donc s'entourer d'un cabinet librement recruté.

Chapitre II

Le droit institutionnel des collectivités territoriales

La réforme engagée à partir de 1982 a eu de nombreuses conséquences sur l'organisation de l'administration territoriale de l'Etat. Cette modernisation a entraîné une évolution des conditions de l'exercice du pouvoir local.

Section I
La modernisation de l'administration du territoire

La loi du 2 mars 1982 relative «aux droits et libertés des communes, des départements et des régions» bouleverse les conceptions traditionnelles de l'organisation de l'administration décentralisée. La mise en place de cette réforme justifie une adaptation de l'administration déconcentrée autour du renforcement du pouvoir des préfets. Après dix ans d'application de cette réforme, le législateur intervient de nouveau sous la forme d'un texte général relatif *à l'administration territoriale de la République* en date du 6 février 1992. Cette loi innove en associant étroitement sous le concept d'administration territoriale de la République l'administration déconcentrée et décentralisée. Enfin, les objectifs de la politique d'aménagement du territoire conduisent le gouvernement à proposer une loi générale dont les conséquences sur le pouvoir décentralisé sont multiples.

§ 1 – LA LOI DU 2 MARS 1982

La réforme de l'administration locale constitue une des priorités du nouveau gouvernement mis en place en 1981 et correspond aux engagements du futur président Mitterrand présentés dans les *110 propositions pour la France*. Ce projet est mis en œuvre par une succession de textes législatifs. Le premier d'entre eux opère une véritable rupture par rapport au droit antérieur. Les nouveaux principes posés par la loi du 2 mars 1982 ont des conséquences sur l'organisation de l'administration déconcentrée.

A. *Les principes de la réforme*

Le texte de 1982 modifie profondément l'organisation de l'administration décentralisée. La loi opère un bouleversement de la conception traditionnelle de l'organisation du département et de la région, en transférant le pouvoir exécutif aux présidents des assemblées départementales et régionales. La région est érigée en collectivité territoriale à part entière. Enfin, la tutelle est remplacée par un contrôle juridictionnel a posteriori.

1° Le transfert des exécutifs locaux aux autorités élues

Le transfert du pouvoir exécutif des collectivités départementales et régionales à l'autorité élue constitue une des réformes les plus importantes du pouvoir local depuis les débuts de la IIIe République. Cette disposition met fin à l'une des spécificités majeures de l'organisation administrative, fondée sur la double mission du préfet. La séparation claire entre les pouvoirs décentralisés et les autorités déconcentrées met un terme à la dépendance des autorités locales vis-à-vis de l'Etat et constitue une véritable révolution institutionnelle.

La loi modifie en profondeur les relations traditionnelles entre le pouvoir local et l'Etat et, en particulier, le système périphérique décrit par la sociologie des organisations. Elle impose de nouveaux modes de coopération, à travers notamment le développement des rapports contractuels entre les différents acteurs. Elle conduit à une réorganisation des responsabilités et des compétences entre les différents niveaux d'intervention. Enfin, cette redistribution du pouvoir impose une redéfinition des missions de l'administration déconcentrée qui sera opérée par la loi du 6 février 1992, relative à l'*administration territoriale de la République*.

2° La région, nouvelle collectivité territoriale

La réforme du 2 mars 1982 donne à la région le statut de collectivité territoriale. La nouvelle collectivité, désormais soumise au régime de droit commun, est dotée d'un organe délibérant élu au suffrage universel direct, le conseil régional. La mise en œuvre de cette réforme est reportée aux premières élections des conseils régionaux qui ont lieu le 16 mars 1986. La loi confie à la région des compétences étendues et diversifiées, mais spécialisées. La vocation de la région dans les domaines économiques et dans ceux de la planification et de l'aménagement du territoire est largement confirmée. L'affirmation du pouvoir régional conduit à poser la délicate question des relations entre ce niveau d'administration et les autres collectivités territoriales et, en particulier, les départements. En outre, l'espace régional est une réponse aux nécessités de l'adaptation des espaces territoriaux face aux enjeux européens.

3° La suppression de la tutelle

Cette solution s'inscrit dans la logique de la réforme qui est d'affirmer l'autonomie du pouvoir local. Même si, dans les faits, la tutelle est beaucoup moins importante que peut le laisser penser la lecture des textes, ce contrôle apparaît à la fois anachronique et incompatible avec la nouvelle conception de la décentralisation. La suppression des tutelles, même imparfaite, a une charge symbolique très forte. A son tour, cette mutation a des conséquences sur le rôle traditionnel du préfet et sur l'ensemble des relations qui caractérisaient ce que les sociologues ont dénommé *le système périphérique*. Le législateur substitue à la tutelle un contrôle juridictionnel *a posteriori*. Contrairement à l'interprétation initiale, le représentant de l'Etat va conserver un rôle de négociation et de régulation.

B. *L'adaptation de l'administration déconcentrée*

Pour répondre au mouvement de décentralisation, l'administration déconcentrée s'adapte. La réforme de 1982 ne crée pas une rupture avec la logique de la présence de l'Etat au niveau territorial. En d'autres termes, l'affirmation du pouvoir local ne saurait signifier un affaiblissement du pouvoir de l'Etat. Elle emporte seulement un nouveau mode de répartition des interventions des différents acteurs locaux qu'ils soient décentralisés ou déconcentrés. La France conserve la spécificité de son organisation territoriale qui est très différente de celle des autres Etats européens. La présence de l'Etat au niveau local passe par un renforcement du pouvoir des préfets et par l'affirmation d'une politique de déconcentration.

1° Le renforcement du pouvoir des préfets

Les préfets, devenus commissaires de la République en 1982, voient leurs missions redéfinies par la loi du 2 mars 1982 et par les décrets du 10 mai 1982, tant au niveau départemental que régional. Le représentant de l'Etat reprendra le titre de préfet en vertu d'un décret du 29 février 1988. Ces textes affirment que le commissaire de la République est le dépositaire de l'autorité de l'Etat, le délégué exclusif du gouvernement et le représentant direct du premier ministre et de chacun des ministres. Ainsi, les textes renforcent le principe de l'unicité du pouvoir en confiant au préfet, non seulement la coordination des services extérieurs, mais aussi leur direction.

Pour asseoir le pouvoir du préfet, les textes le dotent de nombreuses prérogatives : il est seul à recevoir délégation de pouvoir des ministres, il est l'unique ordonnateur secondaire des services extérieurs et il signe toutes les conventions au nom de l'Etat avec les partenaires locaux. Ce pouvoir de direction a pour but d'empêcher les relations directes entre les responsables des services extérieurs et leur ministère, ou les élus locaux. Les décrets de 1982 lui confient également de nouvelles missions en matière financière, économique et sociale : il est associé à la mise en œuvre des politiques d'aménagement du territoire et de la planification, il exécute les mesures prises par l'Etat dans le cadre du plan national et de la politique d'aménagement du territoire, il est obligatoirement consulté sur les demandes d'aide instruites par les services de l'Etat pour les investissements, le développement ou la restructuration d'entreprises et sur les décisions prises au nom de l'Etat à l'égard des entreprises dont la situation est de nature à affecter l'équilibre du marché local de l'emploi.

Rappelons que le préfet est un haut fonctionnaire, nommé par décret du président de la République pris en Conseil des ministres. Il peut être mis fin à ses fonctions à tout moment. En général, un préfet reste à la tête d'un département pour une durée de deux à quatre ans.

Cette évolution s'accompagne d'un renforcement de la déconcentration comme système d'action de l'Etat.

2° L'affirmation de la politique de déconcentration

L'objectif de la réforme est clair : face à la décentralisation, l'Etat doit s'adapter en mettant en place un pouvoir déconcentré puissant et le commissaire de la République en est le support et le relais. La déconcentration est le corollaire de la décentralisation. De plus le texte de 1982 crée le Comité interministériel de l'administration territoriale (Ciater) qui a pour mission de proposer toute mesure de déconcentration. Un tel objectif suppose une nouvelle répartition des tâches entre le niveau central et les services extérieurs. Ce processus devient un instrument de réforme et de modernisation de l'Etat. La mise en œuvre de la déconcentration se heurte aux réticences des ministères et, malgré des évolutions tangibles, l'adaptation de l'administration de l'Etat au niveau local reste inachevée. La loi du 6 février 1992 relative *à l'administration territoriale de la République* apporte de nouvelles solutions à l'administration du territoire.

§ 2 – LA LOI DU 6 FÉVRIER 1992

Le titre premier de la loi du 6 février 1992 précise les contours de l'administration territoriale à partir des relations entre niveaux décentralisés et échelons déconcentrés. Alors que les réformes engagées en 1982 étaient marquées par l'affirmation du pouvoir local face au pouvoir d'Etat et par le renforcement du pouvoir de l'Etat autour du préfet, le texte de 1992 contient une logique nouvelle caractérisée par les liens entre les différents acteurs. L'article 1er de la loi souligne que « l'administration territoriale de la République est assurée par les collectivités territoriales et par les services déconcentrés de l'Etat. Elle a pour objectif la mise en œuvre de l'aménagement du territoire, la garantie de la démocratie locale et la modernisation du service public. » Cette conception de l'action conduit le législateur à redéfinir les principes de l'administration déconcentrée et à préciser une série de mesures concrètes dans le décret du 1er juillet 1992 portant *charte de la déconcentration*.

A. *Les principes relatifs à l'administration déconcentrée*

Les réformes antérieures avaient eu pour objectif essentiel de renforcer l'unité et la cohérence de l'administration autour des préfets. Désormais, le texte vise une réforme plus globale fondée sur le principe de subsidiarité et sur la clarification des compétences entre les différents niveaux d'administration. A partir de 1997, une nouvelle réforme de l'administration de l'Etat est engagée.

1° Le principe de subsidiarité

Le niveau local de l'action de l'Etat est l'échelon d'intervention de droit commun. Cette règle a pour but de moderniser l'Etat, de rapprocher l'administration des administrés et de donner aux échelons territoriaux une capacité d'action aussi importante que celle que détiennent les collectivités territoriales.

Pour réaliser cette réforme, la loi affirme que le pouvoir central ne doit assumer que les seules missions strictement nécessaires, et cela afin d'éviter une centralisation de plus en plus sclérosante. Le texte détermine les critères de répartition des compétences entre les administrations centrales et les services déconcentrés. L'article 2 de la loi précise que « sont confiées aux administrations centrales les seules missions qui présentent un caractère national et dont l'exécution, en vertu de la loi, ne peut être déléguée à un échelon territorial ». Pour compléter ce dispositif, le décret du 1er juillet 1992 ajoute que « la déconcentration est la règle générale de répartition des attributions et des moyens entre les différents échelons des administrations civiles de l'Etat ». Les services centraux ne devraient intervenir que dans les fonctions de conception, d'animation, d'orientation et de contrôle. Le principe établi par l'article 2 de la loi du 6 février 1992 a été modifié par le décret du 9 mai 1997 (le gouvernement avait obtenu du Conseil constitutionnel la reconnaissance du caractère réglementaire de cet article en janvier 1997).

2° La clarification des compétences entre les différents niveaux d'administration

Les textes précisent les modalités générales de la répartition des domaines d'action entre la région, le département et l'arrondissement. Au niveau régional, le préfet est responsable de la mise en œuvre des politiques nationale et communautaire concernant le développement économique et social et l'aménagement du territoire. Dans ces domaines, la loi confie au préfet de région un rôle de direction et ses orientations s'imposent au préfet du département. Les autres secteurs d'intervention de l'autorité régionale sont l'environnement, les politiques culturelles et celles relatives à la ville et à l'espace rural, et le représentant de l'Etat a ici un rôle d'animation et de coordination. Le département apparaît comme l'échelon de droit commun de l'action de l'Etat. Quant à l'arrondissement, il est qualifié de «cadre territorial de l'animation, du développement local et de l'action administrative de l'Etat».

Outre la définition de la répartition des compétences, les textes procèdent au renforcement du pouvoir des préfets dans l'esprit des décrets de 1982. La réforme opérée en 1992 introduit une certaine hiérarchisation au bénéfice du représentant de l'Etat dans la région.

3° L'évolution de l'organisation de l'administration d'Etat

Le décret du 9 mai 1997 ajoute une troisième catégorie de services administratifs de l'Etat, *les services à compétence nationale*. Désormais «les administrations civiles de l'Etat se composent d'une part, d'administrations centrales et de services à compétence nationale, d'autre part de services déconcentrés».

Cette réforme s'inscrit dans le cadre d'une mutation plus profonde qui vise à introduire à côté des critères juridiques de répartition des compétences entre le niveau central et le niveau territorial, des notions nouvelles fondées davantage sur la logique du management public et sur l'analyse des politiques publiques (F. Dreyfus et F. D'Arcy, *Les Institutions politiques et administratives de la France*).

Ainsi les services déconcentrés sont conçus par leur rôle d'opérateur, alors que le niveau central se caractérise par une mission de régulation (circulaire du premier ministre du 26 juillet 1995, J.O. du 28 juillet 1995).

B. *La mise en œuvre de la déconcentration*

La charte de la déconcentration du 1er juillet 1992 introduit des mécanismes originaux visant à renforcer la mise en œuvre de la déconcentration, si difficile à réaliser face aux traditions de l'administration centrale. Tout d'abord, ce texte redéfinit la composition et l'action du comité interministériel de l'administration territoriale institué en 1982. L'institution s'ouvre à tous les membres du gouvernement. Elle se voit confier, outre l'élaboration de la politique gouvernementale en matière de déconcentration, le soin de veiller à ce que les services déconcentrés disposent de moyens humains, matériels et financiers en rapport avec les tâches qui leur sont imparties. Un bilan est établi chaque année par le comité. Il est créé au sein de cet organisme un comité permanent pour assurer le suivi du mouvement de la déconcentration.

Les préfets de départements ont auprès d'eux un collège des chefs de services, dont ils assurent la présidence, composé des membres du corps préfectoral et des responsables des administrations déconcentrées. La conférence administrative régionale voit sa composition et son champ d'intervention modifiés. Pour la mise en œuvre de politiques communes, les préfets peuvent désigner des chefs de projet et constituer des pôles de compétences. Toutes ces mesures visent à renforcer le rôle de coordination et de direction du préfet.

§ 3 – LA LOI DU 4 FÉVRIER 1995

La loi *d'orientation pour l'aménagement et le développement du territoire* du 4 février 1995 a de nombreuses conséquences sur l'administration locale. Ce texte pose tout d'abord des règles nouvelles de répartition des pouvoirs de décision en assurant à l'Etat une légitimité et un pouvoir général d'intervention. Il conduit également à la redéfinition des territoires.

A. *L'affirmation du rôle de l'État*

L'Etat occupe un rôle central dans la mise en place de l'aménagement du territoire. Pour assurer l'égalité des territoires et des citoyens, il est nécessaire de mettre en œuvre des modalités d'intervention originales qui relèvent de la responsabilité de l'Etat. De plus, au nom de l'équilibre des territoires, la loi définit un régime dérogatoire au profit de zones prioritaires

1° Les modalités de l'intervention de l'État

Le respect de l'égalité et de la solidarité relève de l'intervention de l'Etat. Par conséquent, la politique d'aménagement du territoire doit être maîtrisée par le pouvoir central avec la collaboration des collectivités territoriales. Il appartient à l'Etat de corriger les inégalités en définissant les grandes orientations des politiques publiques et des services publics qui servent directement les citoyens.

Pour répondre à ces objectifs, l'Etat dispose de divers moyens d'intervention. Le premier d'entre eux est l'élaboration du schéma national d'aménagement et de développement du territoire qui *fixe les orientations fondamentales en matière d'aménagement du territoire, d'environnement et de développement durable*. Le schéma national est remis pour avis aux régions, aux départements, aux communes et à leurs groupements. Ce document doit être soumis au Parlement dans un délai de dix-huit mois à dater de la promulgation de la loi. Les orientations du schéma national sont précisées dans quatre schémas sectoriels qui concernent l'enseignement supérieur et la recherche, les équipements culturels, les transports et les télécommunications. Ces schémas sont développés au niveau régional par des schémas et des plans adoptés par la conférence régionale qui réunit les représentants du conseil régional et des conseils généraux concernés. De plus, la loi prévoit la création d'un Conseil national de l'aménagement et du développement du territoire présidé par le premier ministre et dont la composition permet de réunir des parlementaires, des représentants des collectivités territoriales et de leurs groupements, des représentants des activités économiques, sociales, familiales, culturelles et associatives et des personnalités qualifiées. Cet organe a un rôle consultatif.

La loi accorde à l'Etat un deuxième mode d'intervention important sous la forme de directives territoriales d'aménagement (art. L. 111-1-1 du Code de l'urbanisme). Ces directives ont pour but de fixer les orientations fondamentales de l'Etat sur certaines parties du territoire, notamment en matière d'infrastructures et d'environnement. Elles sont élaborées en association avec les collectivités territoriales et elles s'imposent aux règles de planification urbaine élaborées par les collectivités territoriales.

2° Les dispositifs dérogatoires

La mise en œuvre de la politique d'aménagement du territoire conduit à la réalisation d'actions différenciées et spécifiques. Cet objectif impose la définition de zones prioritaires bénéficiaires de mesures financières. Le législateur a déterminé les zones par référence aux handicaps géographiques, économiques ou sociaux, et dans lesquelles seront mises en œuvre *des politiques renforcées et différenciées de développement : zones d'aménagement du territoire, territoires ruraux de développement prioritaires et zones urbaines sensibles*. Mais cette modalité d'intervention a été critiquée par l'opposition devant le Conseil constitutionnel. Le Conseil a estimé qu'en raison de la prise en compte de situations différentes et spécifiques, aucun des traitements différents du territoire ne porte atteinte au principe d'égalité. La modalité essentielle retenue pour corriger les inégalités fiscales les plus criantes et pour assurer une redistribution des ressources entre les collectivités territoriales est la péréquation. Pour compléter ce dispositif, la loi réforme les fonds d'intervention. A compter du 1er janvier 1995, un nouveau Fonds d'aménagement et de développement du territoire est créé. Il regroupe plusieurs catégories de crédits : restructuration minière, délocalisation des entreprises, aides aux initiatives locales pour l'emploi, aides à la montagne et aides à l'aménagement rural. Des fonds spéciaux sont également mis en place : le Fonds d'investissement des transports terrestres et des voies navigables et le Fonds de gestion de l'espace rural. Enfin, le Fonds national de développement des entreprises doit faciliter le développement de l'emploi, ainsi que le maintien, la croissance et la création des entreprises moyennes et petites dans les zones prioritaires.

B. *La redéfinition des territoires*

La logique de l'aménagement du territoire justifie l'émergence de nouveaux territoires ou *bassins de vie*, organisés en pays et en réseau de villes. La loi définit une procédure d'identification des pays à partir d'un ensemble de critères. Ainsi, le texte de 1995 souligne que «lorsqu'un territoire présente une cohérence géographique, culturelle, économique ou sociale, la commission départementale de la coopération intercommunale constate qu'il peut former un pays». Les commissions pourront formuler des propositions de délimitation de pays à partir d'une communauté d'intérêts économiques et sociaux et éventuellement à partir des liens de solidarité entre ville et espace rural. Dans ces territoires, les différents acteurs locaux concernés élaborent un projet commun de développement. Cependant, il appartient à l'Etat d'assurer une coordination de la politique en faveur du développement local et du développement urbain.

Mais ces territoires interfèrent avec les pratiques traditionnelles de coopération intercommunale. En effet, la coopération institutionnelle vise plus la gestion commune des services publics que l'émergence de communautés humaines. Or, les pays correspondent à une recomposition de l'espace pour la mise en œuvre, par un ensemble d'acteurs, d'un plan d'action adapté.

La réalisation d'un tel projet dépend largement de l'application de modalités concrètes telles que les projets communs de développement, l'organisation des services de l'Etat et les capacités des communes à redéfinir leur mode de coopération. La loi n'institutionnalise pas les pays, mais elle renvoie à un rapport du gouvernement contenant des propositions de simplification du régime juridique des établissements de coopération et à une future loi sur la coopération intercommunale.

La loi innove également en proposant une nouvelle forme de coopération fondée sur *la désignation d'une collectivité chef de file* pour exercer une compétence ou un groupe de compétences relevant de plusieurs collectivités. Cette disposition a été censurée par le Conseil constitutionnel pour vice de compétence. En l'absence de décision sur le fond, il est difficile de savoir si cette mesure est conforme ou non au principe de libre administration des collectivités territoriales.

Le texte de 1995 renforce le rôle de l'Etat dans l'administration du territoire et renouvelle la question de l'identification des territoires et de leur adaptation, sans pour autant mettre en cause l'organisation traditionnelle. En outre, les principes d'égalité, de solidarité et d'équilibre permettent de retenir la diversité des logiques qui président aux destinées de l'action locale. A côté de la recomposition des territoires et de la transformation des modalités de l'action, la rédéfinition des compétences est un enjeu important que la loi de 1995 reporte à une réforme ultérieure.

SECTION II
L'ÉVOLUTION DES CONDITIONS D'EXERCICE DU POUVOIR LOCAL

Les règles qui régissent les conditions d'exercice du pouvoir local concernent trois domaines essentiels : l'élection, le statut des élus locaux et leur responsabilité.

§ 1 – L'ÉLECTION DES AUTORITÉS LOCALES

Un ensemble de règles définit le droit des élections locales et en particulier la propagande électorale et la préparation des élections. Cette législation emprunte très largement aux dispositions du Code électoral et présente peu de spécificité. Plus originale est la législation sur le financement de la vie politique que la France a élaborée tardivement au regard des autres Etats européens. Quant aux modes d'élections, ils varient entre les différentes catégories de collectivités territoriales.

A. *Le financement de la vie politique*

Le financement de la vie politique est l'objet d'une succession de textes. L'évolution de la législation a conduit à la définition d'un ensemble de principes et de modalités.

1° L'évolution de la réglementation

Jusqu'à la fin des années 80, le financement de la vie politique n'avait fait l'objet d'aucune réglementation précise. Contrairement à la majorité des démocraties occidentales qui avaient légiféré dans ce domaine, la France s'était installée dans un vide juridique. Cette situation favorisait les pratiques plus ou moins légales et le temps des suspicions était venu. Mais l'évolution de la vie politique, la croissance des besoins financiers des campagnes électorales et des partis politiques, et l'augmentation de la corruption vont imposer l'intervention du législateur qui choisit une méthode pragmatique.

Dans un premier temps, le Parlement adopte deux lois relatives à la *transparence financière de la vie politique* le 11 mars 1988. Ces textes réglementent les élections présidentielles et posent les premiers principes d'un statut juridique des partis politiques et de leur financement public. Mais cette législation n'aborde ni le problème des élections locales, ni celui du financement privé des campagnes électorales et des partis politiques. Elle sera complétée par la loi du 15 janvier 1990 relative à la *limitation des dépenses électorales et à la clarification du financement des activités politiques*. Ce texte s'applique à l'ensemble des élections régionales, cantonales et municipales dans les circonscriptions de plus de 9 000 habitants. La France se dote enfin d'une réglementation précise et cohérente sur le financement de la vie politique. Le texte de 1990 vise un renforcement de la démocratie à travers deux principes : le plafonnement des dépenses électorales et la transparence du financement des élections et des partis politiques.

Toutefois, la pression des événements oblige le législateur à compléter ce dispositif, afin d'assurer plus de transparence et de lutter efficacement contre la corruption. Parmi les multiples lois adoptées, il convient de retenir la loi du 29 janvier 1993 relative à la *prévention de la corruption et à la transparence de la vie économique et des procédures publiques* et la loi du 20 janvier 1995, relative au *financement de la vie politique*. Ce dernier texte pose le principe de l'interdiction du financement privé. La loi du 8 février 1995 relative à la *déclaration du patrimoine des membres du gouvernement et des titulaires de certaines fonctions* complète les exigences de transparence.

2° Les principes de la réglementation

Afin de rétablir un rapport de confiance entre les élus et l'opinion publique et de mettre un terme aux affaires de corruption, le législateur opte pour une réglementation précise du financement des campagnes électorales et des partis politiques. Les textes, après avoir limité le financement par les personnes morales de droit privé, l'interdisent. En outre, les dépenses électorales sont plafonnées. Mais ces solutions modifient les modalités de financement de la vie politique.

a) Du plafonnement à l'interdiction du financement privé

Le financement des dépenses électorales par les entreprises constitue la question la plus sensible de la nouvelle réglementation. La loi de 1990 admet le financement privé par des personnes physiques et par des personnes morales, tout en fixant des plafonds. La loi anti-corruption du 29 janvier 1993 ne modifie pas l'esprit du dispositif de 1990, mais exige davantage de transparence en imposant aux candidats et aux partis politiques la publicité des dons des personnes morales.
Cette évolution n'est pourtant pas suffisante pour assurer une véritable clarification des relations entre la politique et l'argent. La multiplication des scandales nécessite une solution plus radicale. Le président de l'Assemblée nationale prend l'initiative de constituer un groupe de travail sur cette question. Les conclusions de ce groupe conduisent à modifier la réglementation du financement des partis politiques et des campagnes électorales en interdisant notamment la

participation des entreprises privées. Ce travail aboutit à l'adoption de trois textes dont la loi du 19 janvier 1995 relative au *financement de la vie politique*. Ce texte pose un principe tout à fait nouveau : l'interdiction du financement des personnes morales de droit privé. A cette fin, l'article 4 de la loi précise que «les personnes morales, à l'exception des partis ou groupements politiques, ne peuvent participer au financement de la campagne électorale d'un candidat, ni en lui consentant des dons sous quelque forme que ce soit, ni en lui fournissant des biens, services ou autres avantages directs ou indirects à des prix inférieurs à ceux qui sont habituellement pratiqués». L'article 16 de ce texte interdit également le financement des partis politiques par les entreprises.

b) Le plafonnement des dépenses électorales.

Le principe du plafonnement des dépenses électorales aux élections locales avaient été posé par la loi du 15 janvier 1990. La loi du 15 janvier 1995 diminue les plafonds de dépenses pour les élections locales conformément au tableau suivant :

FRACTION DE LA POPULATION DE LA CIRCONSCRIPTION	PLAFOND PAR HABITANT DES DÉPENSES ÉLECTORALES (EN FRANCS)			
	Election des conseillers municipaux		Election des conseillers généraux	Elections des conseillers régionaux
	Listes présentes au premier tour	Listes présentes au second tour		
N'excédant pas 15 000 h.	8	11	4,2	3,5
De 15 001 à 30 000 h.	7	10	3,5	3,5
De 30 001 à 60 000 h.	6	8	2,8	3,5
De 60 001 à 100 000 h.	5,5	7,5	2	3,5
De 100 001 à 150 000 h.	5	7	–	2,5
De 150 001 à 250 000 h.	4,5	5,5	–	2
Excédant 250 000 h.	3,5	5	–	1,5

La législation limite également l'objet des dépenses électorales en procédant par voie d'interdictions, notamment vis-à-vis des formes les plus coûteuses de publicité.

c) Les modes de financement

L'interdiction du financement privé par les entreprises impose une redéfinition des conditions du financement de la vie politique. La loi de 1995 vise un double objectif : encourager le financement des citoyens et assurer l'augmentation du financement public des campagnes électorales. Pour favoriser la participation des citoyens, le texte améliore les avantages de déduction fiscale. Le législateur étend à toutes les élections le système du remboursement forfaitaire et fixe le montant à 50 % du plafond des dépenses électorales. Toutefois, seuls les candidats qui obtiennent 5 % des suffrages exprimés ont accès au remboursement forfaitaire. Enfin, le remboursement ne pourra excéder le total des dépenses retracé par le compte de campagne.

Pour compléter ce nouveau dispositif, le financement des partis politiques a fait l'objet de nombreuses modifications : la loi du 11 mars 1988 instaure un financement public des partis politiques qui fait l'objet de nouvelles dispositions en 1995.

3° La mise en œuvre de la réglementation

Au nom de la transparence du financement de la vie politique et pour garantir le respect de la législation, les textes ont défini de nouvelles obligations pour les candidats et ont mis en place un système de contrôle original.

a) Les obligations des candidats

Aux termes de la loi du 15 janvier 1990, les candidats sont tenus d'établir un compte de campagne qui retrace, selon leur origine, l'ensemble des recettes perçues et l'ensemble des dépenses engagées. Chaque candidat doit désigner *un mandataire financier ou une association de financement électoral.* Le candidat, qui pouvait assurer la présidence de l'association jusqu'en 1995, ne peut désormais plus en être membre. *L'association ou le mandataire financier* est tenu d'ouvrir un compte bancaire ou postal unique qui retrace la totalité des opérations financières et qui est annexé au compte de campagne du candidat. Ces comptes sont transmis à la Commission nationale des comptes de campagne et des financements politiques qui en assure la publication sous une forme simplifiée. La loi innove également en matière de gestion des fonds électoraux. Pendant l'année qui précède l'élection, la gestion doit se faire par l'intermédiaire d'un mandataire, nommément désigné par le candidat, chargé de recueillir les fonds et seul habilité à régler les dépenses.

La loi du 8 février 1995 relative à la *déclaration du patrimoine des membres du gouvernement et des titulaires de certaines fonctions* renforce également la transparence des patrimoines des élus et le régime des incompatibilités. Ce dispositif est complété par un ensemble de règles qui visent à accroître la transparence financière des partis politiques.

b) Les contrôles et les sanctions

Pour garantir l'application de la législation, la loi de 1990 crée une nouvelle instance de contrôle et définit un ensemble de sanctions. La Commission nationale des comptes de campagne et des financements politiques est une autorité administrative indépendante chargée de contrôler les comptes de campagne des candidats aux élections. Elle est composée de neuf membres nommés pour cinq ans par décret : trois membres du Conseil d'Etat, trois membres de la Cour de cassation et trois membres de la Cour des comptes. Cette autorité détient de multiples compétences telles que l'agrément des mandataires, l'approbation, le rejet ou la réformation des comptes de campagne. Pour la mise en œuvre du contrôle administratif des comptes, la Commission dispose de pouvoirs d'investigation étendus dans le respect du principe du contradictoire. En cas de non-respect des obligations prévues par la loi, la Commission saisit le juge de l'élection. Le texte prévoit également un ensemble de sanctions en cas de transgression des obligations légales en matière de financement des campagnes électorales. L'inéligibilité temporaire d'un an est applicable à tout candidat fautif et elle est, suivant les cas, soit obligatoire, soit facultative. L'inéligibilité s'applique par catégorie de mandats. Le texte de 1990 prévoit également des sanctions financières et pénales. En cas de rejet du compte de campagne par la Commission, le remboursement total ou partiel des dépenses est impossible. Lorsque les dépenses de campagne excèdent le plafond autorisé, le candidat perd le droit à tout remboursement. La loi du 15 janvier 1990 autorise le juge répressif à prononcer une amende de 360 F à 15 000 F et/ou une peine d'emprisonnement d'un mois à un an en cas d'infraction à la nouvelle législation. De plus, les tribunaux correctionnels peuvent prononcer l'exclusion des marchés publics pour une durée de cinq ans au plus à l'encontre des personnes physiques ou morales qui ont versé des dons excédant les plafonds.

B. *Les différents modes d'élection*

1° Les élections communales

a) Le conseil municipal

Le conseil municipal, organe délibérant, représente la communauté des habitants. Les membres de cette assemblée sont désignés au suffrage universel direct pour six ans et le renouvellement du conseil est intégral. Les conseillers sont élus par tous les électeurs inscrits sur la liste électorale de la

commune qui forme une circonscription unique. Sous certaines conditions, le conseil municipal peut créer des *sections électorales* si la commune comprend plusieurs centres ou si elle résulte d'une fusion.
Le nombre de conseillers municipaux varie de neuf pour les communes de moins de 100 habitants à soixante-neuf pour les communes de plus de 300 000 habitants, conformément au tableau suivant :

Communes	Nombre des membres du conseil municipal
De moins de 100 habitants	9
De 100 à 499 habitants	11
De 500 à 1499 habitants	15
De 1 500 à 2 499 habitants	19
De 2 500 à 3 499 habitants	23
De 3 500 à 4 999 habitants	27

(art. L. 2121-1 du *CGCT*)

Pour garantir une représentation des diverses forces politiques, le mode de scrutin a été profondément modifié par la loi du 19 novembre 1982. Il convient de distinguer trois hypothèses :

Dans les communes de 2 500 habitants, le scrutin est majoritaire à deux tours. Pour être élu au premier tour il faut avoir obtenu la majorité des suffrages exprimés et au moins un quart des électeurs inscrits. Au deuxième tour, la majorité relative suffit. Les règles sont très souples. Les candidats peuvent former des listes complètes ou non, ou peuvent se présenter à titre isolé. Les électeurs peuvent *panacher*.
Dans les communes de 2 500 à 3 499 habitants, les règles décrites précédemment s'appliquent, mais les listes des candidats doivent être complètes.

Dans les communes de 3 500 habitants et plus, le scrutin majoritaire à deux tours s'applique également, mais avec une dose de proportionnelle. Les candidats doivent présenter des listes complètes et les électeurs n'ont le droit ni de panacher, ni de modifier l'ordre de présentation. La liste qui obtient au premier tour la majorité absolue des suffrages exprimés se voit attribuer la moitié des sièges à pourvoir arrondie à l'entier supérieur. Les autres sièges sont répartis à la proportionnelle suivant la règle de la plus forte moyenne entre toutes les listes ayant recueilli plus de 5 % des suffrages exprimés, y compris la liste arrivée en tête. Si aucune liste n'a obtenu la majorité absolue des voix, un second tour est organisé, auquel peuvent participer les listes ayant obtenu au moins 10 % des suffrages exprimés au premier tour. Les listes ayant obtenu au moins 5 % des voix sont autorisées à fusionner avec une liste pour se maintenir. La liste arrivée en tête se voit attribuer la moitié des sièges à pourvoir. Les autres sièges sont répartis entre toutes les listes ayant obtenu au moins 5 % des voix, à la proportionnelle, suivant la règle de la plus forte moyenne.

b) Le maire et les adjoints

Le maire et les adjoints forment la *municipalité*. Le maire et les adjoints sont élus pour six ans par le conseil municipal parmi ses membres, lors de la première réunion du conseil qui suit les élections. Ils sont élus au scrutin secret à la majorité absolue aux deux premiers tours et à la majorité relative au troisième tour. Le nombre d'adjoints varie d'un à vingt, sans que ce nombre puisse excéder 30 % de l'effectif du conseil municipal. Les adjoints prennent rang dans l'ordre de leur nomination. Le conseil municipal peut décider une nouvelle désignation des adjoints après une élection partielle.

2° Les élections départementales

a) Le conseil général

L'élection de l'assemblée départementale au suffrage universel est définitivement consacrée en 1871. A la différence de la commune, le département ne forme pas une circonscription électorale unique, mais il est divisé en cantons, qui désignent chacun un représentant. Le scrutin est donc uninominal. Les conseillers généraux sont élus pour six ans et sont renouvelés par moitié tous les trois ans. Les membres de l'assemblée départementale sont élus au scrutin majoritaire à deux tours.

Par une loi du 11 décembre 1990, le législateur avait décidé d'organiser la concomitance des renouvellements des conseils généraux et des conseils régionaux et avait affirmé la règle du renouvellement intégral de l'assemblée départementale. Mais, pour les élections de 1994, la loi du 18 janvier 1994 va rétablir le système antérieur.

Le découpage cantonal est une question qui fait l'objet d'un important contentieux. Le juge a notamment précisé que la modification des circonscriptions ne peut avoir pour effet d'accroître les disparités démographiques (exemple : CE, 23 octobre 1985, *Pierratte et a.*, *Rec.* p. 296).

b) Le président et la commission permanente

L'exécutif départemental est élu par le conseil général, lors de la réunion de droit qui suit chaque renouvellement triennal. Il faut que les deux tiers des membres soient présents ; si cette condition n'est pas remplie, la réunion se tient de plein droit trois jours plus tard et sans condition de quorum. Le président est élu à la majorité absolue des membres du conseil général aux deux premiers tours de scrutin. Si cette majorité n'est pas atteinte, on procède à un troisième tour et l'élection a lieu à la majorité relative. En cas de vacance du siège de président, les fonctions sont exercées par un vice-président, dans l'ordre des nominations et à défaut par un conseiller général désigné par le conseil.

Jusqu'en 1982, il existait une commission départementale dont le statut était fixé par le règlement intérieur de l'assemblée départementale. Désormais, c'est la loi qui précise la composition de la nouvelle commission permanente et celle du bureau. La commission permanente, élue pour trois ans, est composée du président du conseil général, de quatre à dix vice-présidents et éventuellement d'un ou plusieurs autres membres. Immédiatement après l'élection du président et sous sa présidence, le conseil général détermine la composition de la commission.

Pour la désignation des membres de la commission, deux hypothèses doivent être envisagées :

– dans le cas où une seule candidature est déposée pour chaque poste à pourvoir, les nominations prennent effet immédiatement ;

– dans le cas contraire, les membres de la commission sont élus au scrutin de liste, à la représentation proportionnelle à la plus forte moyenne, sans panachage ni vote préférentiel. Cette solution assure la représentation des groupes minoritaires au sein de l'exécutif collégial.

Le législateur a prévu que le conseil général peut déléguer une partie de ses attributions à la commission permanente à l'exception du pouvoir budgétaire.

Le bureau est composé du président et des membres de la commission permanente ayant reçu délégation du président du conseil général.

3° Les élections régionales

La région, devenue collectivité territoriale, est dotée d'une assemblée délibérante ou conseil régional, d'un pouvoir exécutif confié au président du conseil régional, assisté d'une commission permanente et d'un bureau, et d'un organe consultatif dénommé conseil économique et social.

a) Le conseil régional

Les premières élections se sont déroulées le 16 mars 1986. Les conseillers régionaux sont élus dans le cadre de la circonscription départementale. Cette solution est vivement critiquée par les partisans de la région qui voient dans ce découpage une victoire des départementalistes. En effet, la reconnaissance d'élections au niveau régional renforcerait la légitimité politique des élus et l'identité régionale. La répartition des sièges entre les départements composant la région est fonction du nombre d'habitants, sans toutefois respecter une stricte proportionnalité.

La loi du 10 juillet 1985, modifiée par la loi du 21 février 1996, précise les modalités de l'élection. Le mandat de conseiller régional est de six ans. Le renouvellement de l'assemblée est intégral et se déroule le même jour pour toutes les régions. Contrairement aux communes et aux départements, le législateur a opté pour le scrutin de liste à la représentation proportionnelle à la plus forte moyenne, sans panachage ni vote préférentiel. Seules les listes qui ont obtenu au moins 5 % des suffrages exprimés peuvent participer à la répartition des sièges. Ce mode de scrutin, favorable à la représentation des différentes forces politiques de la région, ne facilite guère la constitution de majorités stables au sein des assemblées régionales. Actuellement, seules deux régions sur vingt et une disposent d'une majorité absolue. Faute d'aboutir à une modification du mode de scrutin régional, une réforme est en discussion au sein du Parlement et vise à améliorer le fonctionnement des conseils régionaux. L'un des objectifs de la proposition vise à éviter les blocages lors du vote du budget.

b) Le président et la commission permanente

Les modalités de l'élection du président du conseil régional sont identiques à celles du président du conseil général.

La commission permanente et le bureau sont composés sur le modèle du département.

c) Le conseil économique et social

Organe consultatif, le conseil économique et social est l'héritier direct des Coder créées en 1964 et des comités de la loi de 1972. Les conseils économiques et sociaux (dénomination adoptée par la loi du 6 février 1992) assurent une représentation des intérêts socio-économiques de la région : 35 % pour les organismes consulaires et patronaux, 35 % pour les salariés et la Fen, 25 % pour les organismes participant à la vie collective de la région et 5 % de personnalités choisies en raison de leur compétence. Le conseil a une compétence consultative : préalablement à l'examen par le conseil régional, il est obligatoirement saisi, pour avis, des documents concernant, notamment, la préparation et l'exécution du plan de la nation, le projet de plan de la région et le bilan annuel d'exécution, les orientations générales du projet de budget régional ; il peut être saisi de demandes d'avis ou d'études par le président du conseil régional sur tout projet à caractère économique, social ou culturel ; enfin il peut émettre des avis sur toute question entrant dans les compétences de la région.

§ 2 – LE STATUT DES ÉLUS LOCAUX

Jusqu'à une période récente, le législateur était intervenu essentiellement pour fixer les conditions d'éligibilité des candidats et le régime des incompatibilités des élus. En 1985, le Parlement va réformer le régime du cumul des mandats, tradition du système politique français. En outre, il va adopter en 1992 un statut de l'élu visant à lui conférer un ensemble de droits.

A. *Le cumul des mandats*

Le cumul des mandats est une spécificité du système politique français. En dépit d'une longue tradition, le législateur intervient en 1985 pour limiter le cumul.

1° L'absence de réglementation du cumul des mandats

A. Mabileau fait le constat que «le cumul des mandats est une pièce maîtresse et un élément spécifique du système politique et administratif français. C'est par son canal que se constituent et se perpétuent les élites politiques en France» («Le cumul des mandats», *Regards sur l'actualité*, mars 1991, p. 17 à 29.) Le cumul des mandats nationaux et locaux ou des mandats locaux est une tradition de la vie politique française, sans équivalent dans les autres démocraties occidentales qui ont développé une culture politique différente ou ont adopté une réglementation restrictive. Ainsi, en Grande-Bretagne, il existe une coupure complète entre mandats locaux et élection à la Chambre des communes.

La France connaît un cumul de grande ampleur. La majorité des parlementaires sont également des élus locaux titulaires de plusieurs mandats. Cette pratique, fortement enracinée dans l'histoire politique depuis le XIXe siècle, apparaît de plus en plus anachronique face au renforcement du pouvoir des autorités locales. Dans les années 70, les critiques vis-à-vis de ce système se multiplient et plusieurs propositions de loi, visant à limiter cette pratique, sont élaborées. Mais c'est seulement le 30 décembre 1985 que, par deux textes, le législateur limite le cumul à deux mandats en organisant un régime d'incompatibilité.

2° La limitation du cumul des mandats

La loi organique du 30 décembre 1985 précise que le mandat de député et de sénateur est incompatible avec l'exercice de plus d'un des mandats électoraux ou fonctions électives suivants : représentant à l'Assemblée des communautés européennes, conseiller régional, conseiller général, conseiller de Paris, maire d'une commune de plus de 20 000 habitants, ou plus, autre que Paris, adjoint au maire d'une commune de plus de 100 000 habitants, ou plus, autre que Paris. Le parlementaire qui se trouve dans un cas d'incompatibilité est déclaré démissionnaire d'office par le Conseil constitutionnel à la requête du bureau de l'Assemblée nationale ou du garde des Sceaux. Si l'incompatibilité survient postérieurement à l'élection au Parlement, l'élu concerné dispose d'un délai de quinze jours, à compter de la date de l'élection, pour démissionner du mandat ou de la fonction de son choix. A défaut, le mandat acquis ou renouvelé à la date la plus récente prend fin de plein droit. La loi est entrée en vigueur lors des élections législatives de mars 1986, mais les élus peuvent accomplir leurs mandats jusqu'à leur terme. Le texte de 1985 n'a pas entendu exclure le cumul entre mandat national et mandat local, mais seulement à en restreindre le nombre.

La loi ordinaire du 30 décembre 1985 limite le cumul entre mandats locaux, en appliquant les mêmes critères que ceux retenus par la loi organique, auxquels il faut ajouter la fonction de représentant au Parlement européen. Le régime d'incompatibilité est également identique.

Si cette législation conserve le principe du cumul, elle a le mérite d'interdire la multiplication des mandats et de favoriser le renouvellement de la classe politique locale. Mais elle ne règle pas la question des cumuls entre mandats locaux et directions de structures importantes. *Le rapport Buron* préconise d'étendre le non-cumul à la présidence des groupements de communes, des sociétés d'économie mixte et des associations para-administratives. La réforme est toujours à l'ordre du jour et une nouvelle limitation du cumul des mandats est annoncée.

B. *Les droits de l'élu local*

1° La lente définition d'un statut de l'élu local

Jusqu'à l'adoption de la loi du 3 février 1992, il n'existe aucun texte général régissant la situation des élus locaux, mais seulement des règles éparses concernant les inéligibilités, les incompatibilités, la responsabilité civile et pénale, la protection sociale, les garanties professionnelles. Cela correspond à la conception traditionnelle du mandat local caractérisé par le bénévolat et l'amateurisme. Mais l'absence d'un statut pour les élus locaux apparaît de plus en plus anachronique face à l'augmentation des responsabilités des collectivités territoriales.

Le rapport de la commission Guichard *Vivre ensemble* de 1976 posait déjà la question du statut des élus locaux, mais c'est surtout après 1982 que des propositions précises sont formulées. Dès le début de l'année 1982, le premier ministre charge M. Debarge de rédiger un rapport sur le sujet et ce travail est à l'origine de plusieurs projets et propositions, mais aucun n'aboutit. En 1990, le gouvernement reprend ce dossier et nomme de nouveau un groupe de travail présidé par le sénateur M. Debarge. Le rapport rendu par cette commission énonce deux objectifs : il faut démocratiser et moraliser la fonction élective. Un projet de loi est alors déposé par le gouvernement en octobre 1991 qui sera adopté le 3 février 1992.

La loi de 1992 regroupe les dispositions sur les *conditions d'exercice des mandats locaux*. Mais la définition d'un statut juridique des élus rencontre d'importantes difficultés techniques et politiques. En réalité, la loi du 3 février 1992 est la traduction de la conception française du refus d'une professionnalisation trop marquée de la fonction élective locale. La question du statut des élus se heurte aussi à la disparité et au caractère très hétérogène de la situation des élus locaux. Enfin, le coût financier est un élément non négligeable à prendre en compte. Toutes ces considérations expliquent que le législateur ait opté pour une solution partielle qui consacre de nouveaux droits en faveur des élus, sans pour autant définir un statut général.

2° La nature des droits des élus

Au nom de la démocratisation des fonctions électives, le texte de 1992 reconnaît de nouveaux droits aux élus locaux : droit au temps nécessaire pour assurer leur fonction, droit à la retraite et droit à la formation. Ces droits ont pour conséquence la définition d'obligations plus importantes pour les employeurs. Les textes antérieurs à 1992 imposaient déjà aux employeurs de laisser à leurs salariés conseillers le temps nécessaire pour assister aux séances plénières du conseil et des commissions. Désormais, cette obligation s'applique aussi aux réunions des assemblées délibérantes et des bureaux des organismes où les conseillers représentent leur collectivité. La loi ouvre aux maires, adjoints, présidents et vice-présidents des assemblées départementales et régionales des droits plus importants afin «de leur permettre de disposer du temps nécessaire à l'administration de leur collectivité et à la préparation des réunions auxquelles ils participent». Ces droits prennent la forme de crédits d'heures définis de manière forfaitaire. De plus, la loi pose le principe qu'«aucun licenciement, ni déclassement professionnel, aucune sanction disciplinaire ne peuvent être prononcés en raison des absences résultant de l'application des dispositions des articles concernant les autorisations d'absence». Par ailleurs, le texte se fixe comme objectif d'améliorer le régime de retraite des élus.

Les élus ont droit à une formation adaptée à leurs fonctions et les frais de formation des élus correspondent à une dépense obligatoire pour la collectivité. Ce droit équivaut pour les salariés à un congé formation fixé à six jours par mandat. Le texte crée un conseil national de la formation des élus présidé par un élu local et composé pour moitié de personnalités qualifiées et pour moitié de représentants des élus locaux. Cet organisme a pour mission de définir les orientations générales de la formation et de donner un avis préalable aux organismes de formation agréés par le ministre de l'Intérieur.

Au nom de la moralisation des fonctions électives, le législateur réglemente le régime des indemnités. Le texte procède à la généralisation des barèmes indemnitaires fixés par référence à l'échelle indiciaire de la fonction publique et en fonction de la population de la collectivité. De plus, un montant maximum d'indemnités pour les élus titulaires de plusieurs mandats et fonctions est défini et il est égal à une fois et demie le montant de l'indemnité parlementaire. Enfin, la loi pose le principe de l'imposition des indemnités de fonction des élus.

§ 3 – LA RESPONSABILITÉ DES ÉLUS LOCAUX

La responsabilité des élus locaux obéit au régime de droit commun de la responsabilité des agents publics. En dehors de la responsabilité financière, la responsabilité pénale des élus et des fonctionnaires est une question de plus en plus importante, en particulier dans le domaine des infractions non intentionnelles.

A. *Les principes de la responsabilité*

Il convient de souligner que le régime de la responsabilité administrative, fondé sur la distinction entre faute de service et faute personnelle, s'applique aux élus. De plus, la responsabilité pénale obéit à un régime autonome.

1° Les principes du droit de la responsabilité administrative

Conformément aux principes posés par le juge administratif depuis la fin du XIXe siècle, c'est l'administration qui assure le plus souvent l'indemnisation des administrés. Les victimes demandent réparation des conséquences dommageables des fautes de service à la collectivité devant le juge administratif. Or, la notion de faute de service est conçue largement. Les cas de responsabilité strictement personnelle sont rares. Ainsi, lorsque les agents n'ont pas agi dans un intérêt privé ou avec un excès de comportement, le juge exige pour reconnaître une faute personnelle que la faute soit d'une exceptionnelle gravité. S'agissant d'imprudence, de négligence, d'inattention ou de manquement à une obligation de sécurité ou de prudence, le juge admet la qualification de fautes de service. Cette distinction est à l'origine du partage de la responsabilité entre la personne publique et l'agent, qu'il soit élu ou fonctionnaire. Les conséquences de la faute personnelle sont laissées à la charge de son auteur devant le juge judiciaire, tandis que celles imputables à une faute de service doivent être supportées par la collectivité publique dont relève l'agent ou l'élu.

2° L'autonomie de la responsabilité pénale

La distinction entre faute de service et faute personnelle a peu de conséquences sur la mise en jeu de la responsabilité pénale des agents publics. La décision *Thepaz* du 14 janvier 1935 du Tribunal des conflits marque l'abandon de l'identification entre la faute personnelle et la faute pénale, en admettant qu'une infraction pénale ne constitue pas nécessairement une faute personnelle. En effet, le juge pénal n'est pas lié par la qualification de la faute faite par le juge administratif et inversement. Ainsi, le juge administratif peut retenir la faute de service et la responsabilité de l'administration, alors que le juge pénal met en jeu la responsabilité pénale de l'agent.

Il convient de préciser que la responsabilité pénale des fonctionnaires et des élus n'offre aucune particularité par rapport au droit commun, même si l'infraction a été commise à l'occasion des fonctions. Il existe par contre des infractions spécifiques qualifiées «d'atteintes à l'administration publique commises par des personnes exerçant une fonction publique».

Ce régime n'a pas fait l'objet de transformations fondamentales, mais seulement de quelques adaptations. Pourtant les affaires récentes traduisent une évolution importante liée à la fois à la multiplication des incriminations, à une nouvelle attitude des victimes et à un renforcement de l'intervention du juge pénal. Ce mouvement est à l'origine d'une nouvelle réflexion et diverses propositions vont justifier l'intervention du législateur.

B. *L'évolution de la responsabilité pénale*

1° Les caractéristiques de l'évolution

Il convient de souligner que la réforme du code pénal, si elle ne bouleverse pas la mise en cause pénale des agents publics, renforce sous le chapitre *des atteintes involontaires à l'intégrité de la personne* les délits d'imprudence et aggrave certaines sanctions. Les articles L. 221-6 et 222-19 du Code pénal énumèrent un certain nombre de comportements fautifs : «la maladresse, l'imprudence, l'inattention, la négligence et le manquement à une obligation de sécurité ou de prudence imposée par la loi ou les règlements». De plus, le Code définit de nouveaux délits tels que celui de *mise en danger d'autrui*. Enfin, les textes créant de nouvelles infractions pénales se sont multipliés, notamment dans le domaine de l'environnement et de la lutte contre la pollution (exemple loi du 2 février 1995 relative à l'*environnement* qui a créé de nouvelles infractions en matière d'urbanisme).
La notion de délit d'imprudence a évolué et englobe en particulier les infractions liées à la méconnaissance d'une règle de droit public, notamment en cas de violation d'une obligation de sécurité ou de prudence. Le manquement à une prescription légale ou réglementaire justifie une mise en cause

pénale qui touche plus particulièrement les missions de contrôle de l'administration.

En outre, l'attitude des victimes a évolué. La substitution de la responsabilité collective de l'administration à celle de ses agents paraît aujourd'hui ne plus satisfaire les victimes qui souhaitent voir engager directement la responsabilité individuelle des agents. Et c'est précisément à travers ce recours à l'action pénale sur le fondement de la négligence et de l'imprudence que se traduit ce changement de mentalités. De plus, le législateur en favorisant l'accès des associations à la justice répond à l'attente des victimes.

2° Les conséquences de l'évolution

Face à cette évolution, l'inquiétude des responsables publics est grande. Le gouvernement a engagé une réflexion et a constitué plusieurs groupes de travail au niveau de la fonction publique, de la justice et de l'Education nationale. Un groupe de travail de la commission des lois du Sénat présidé par M. Delevoye s'est réuni sur la question de la responsabilité pénale des élus locaux. Les diverses propositions retiennent le principe de la responsabilité de droit commun des agents publics et des élus pour des délits non intentionnels. Mais l'analyse conduit à reconnaître qu'il existe une spécificité de l'action administrative qui doit être prise en compte, en raison notamment de la complexité du processus de décision et de la mission d'intérêt général.

Les projets de réforme portent essentiellement sur les conditions de mise en jeu de la responsabilité pénale dans le cas d'infractions non intentionnelles et en particulier sur l'appréciation par le juge pénal du lien de causalité qui relève d'une conception extensive : absence de nécessité d'un lien de causalité direct, immédiat ou exclusif. Peuvent donc être tenus pour responsables l'auteur indirect, l'auteur médiat ou encore l'auteur partiel. Il est reproché aux juridictions pénales de procéder à une analyse trop abstraite des

responsabilités en imposant une obligation de résultat, sans tenir compte des contraintes de l'action administrative.
Ces divers travaux vont conduire à la modification de l'article L. 121-3 du Code pénal par la loi du 13 mai 1996 relative à la *responsabilité pénale pour des faits d'imprudence ou de négligence.*

Selon la loi, la faute doit être appréciée *in concreto*, aussi bien pour les fautes d'imprudence ou de négligence que dans le cas d'inobservation des lois et règlements en matière de sécurité. En application des nouvelles dispositions, le juge pénal ne devrait plus considérer que la seule violation d'une prescription légale ou réglementaire en matière de sécurité suffit à constituer le délit. Ces principes s'appliquent aux élus et aux agents publics. Pour les élus, la loi précise «qu'ils ne peuvent être condamnés pour des faits non intentionnels commis dans l'exercice de leur fonction que s'il est établi qu'ils n'ont pas accompli les diligences normales compte tenu de leurs compétences, des pouvoirs et des moyens dont ils disposaient ainsi que des difficultés propres aux missions que la loi leur confie» (Conseil d'Etat, *La Responsabilité pénale des agents publics en cas d'infractions non intentionnelles*, La Documentation française, 1996).

SECTION III
LE CONTRÔLE SUR LES COLLECTIVITÉS TERRITORIALES

Le principe constitutionnel de libre administration des collectivités territoriales doit être concilié avec le respect de la légalité et de la hiérarchie des normes. La Constitution confie au délégué du gouvernement dans les départements et les territoires la charge des intérêts nationaux, du contrôle administratif et du respect des lois. Traditionnellement, le contrôle de l'Etat sur les collectivités territoriales justifiait d'importantes prérogatives de contrôle dans les mains du préfet. Ce système de tutelle, peu compatible avec l'affirmation de l'autonomie des pouvoirs locaux, a été profondément modifié par la loi du 2 mars 1982.

Même si, dans la pratique, la tutelle ne représentait guère la réalité des relations entre le préfet et les élus, elle consacrait juridiquement des pouvoirs exorbitants de l'autorité préfectorale. La tutelle sur les actes des autorités locales se traduisait par trois prérogatives : l'annulation pour illégalité, l'approbation pour motifs d'opportunité ou d'illégalité et la substitution en matière budgétaire et de police administrative. Au nom de l'autonomie des collectivités territoriales, la loi de 1982 va rompre avec cette situation en juridictionnalisant le contrôle sur les actes, tandis que le contrôle sur les personnes subit peu de changements.

§ 1 – Le contrôle sur les personnes

La réforme de la décentralisation a peu modifié le contrôle de l'Etat sur les personnes. En cas de faute, le maire ou les adjoints peuvent être suspendus par arrêté ministériel motivé pour une durée qui ne peut excéder un mois. Ils peuvent aussi être révoqués par décret motivé pris en Conseil des ministres et une telle décision entraîne de nouvelles élections de l'assemblée délibérante.

En outre, le conseil municipal peut être dissous par décret motivé pris en Conseil des ministres. La loi ne précise pas les motifs de la dissolution. Le juge administratif a admis qu'une telle décision pouvait être prise dans l'hypothèse de dissensions graves entravant le bon fonctionnement de l'assemblée. Pour les départements et les régions, la loi de 1982 prévoit que lorsque le fonctionnement de l'assemblée devient impossible, le gouvernement peut prononcer sa dissolution par décret motivé pris en Conseil des ministres. Le Parlement est informé dans les plus brefs délais et une réélection a lieu dans les deux mois. L'organe exécutif est alors chargé d'expédier les affaires courantes et ses décisions ne sont exécutoires qu'avec l'accord du préfet. De telles mesures sont tout à fait exceptionnelles.

§ 2 – LE CONTRÔLE SUR LES ACTES

L'innovation majeure de la loi de 1982 est la suppression du contrôle a priori exercé par l'autorité préfectorale sur les actes des collectivités territoriales. Le législateur opte pour le contrôle juridictionnel des actes, mais l'autorité préfectorale ne saurait être totalement exclue. Désormais, les actes des collectivités territoriales régulièrement publiés ou notifiés sont exécutoires de plein droit. Mais les autorités locales ont l'obligation de transmettre à l'autorité préfectorale les actes les plus importants. Le rôle du préfet est désormais celui de déférer au juge administratif les actes qu'il estime illégaux et il appartient au juge de les annuler éventuellement. Enfin, le législateur a retenu un régime dérogatoire dans certains domaines.

A. *L'obligation de transmission*

Dans sa décision du 25 février 1982, le Conseil constitutionnel a considéré que le délégué du gouvernement doit être en mesure d'exercer son rôle défini par l'article 72 de la Constitution, c'est-à-dire d'être informé.

La loi du 22 juillet 1982 a alors posé le principe suivant lequel les actes des collectivités territoriales sont exécutoires de plein droit après leur transmission au représentant de l'Etat dans le département ou à son délégué dans l'arrondissement. Mais l'obligation de transmission ne s'impose qu'aux actes les plus importants : délibérations des conseils et décisions prises par délégation de ceux-ci, actes à caractère réglementaire ou individuel pris par le maire ou le président du conseil général dans l'exercice du pouvoir de police, actes à caractère réglementaire, conventions relatives aux marchés publics et aux emprunts, conventions de concession ou d'affermage de services publics locaux, décisions individuelles relatives au recrutement et à la carrière des agents, actes d'autorisation d'utilisation du sol. Cette liste montre qu'il s'agit de la très grande majorité des actes. Les autres actes sont exécutoires de plein droit après publication ou notification.

Cette obligation ne conditionne pas l'existence et la validité de l'acte, mais seulement son caractère exécutoire, c'est-à-dire l'opposabilité aux tiers. Aucun délai n'a été imposé par le législateur pour la transmission, sauf dispositions particulières et tel est le cas pour les marchés publics (l'article 43 de la loi du 6 février 1992 prévoit que la convention et l'ensemble des pièces dont la liste est fixée par décret en Conseil d'Etat doivent être transmis dans les quinze jours de la signature). La transmission déclenche le délai pendant lequel le préfet peut saisir le tribunal administratif. Cependant, seule une transmission complète fait courir le délai et le juge administratif a précisé cette notion (voir notamment CE Sec., 13 janvier 1988, *Mutuelle générale des personnels des collectivités locales*, *RDP*, 1988, p. 853; *AJDA* 1988, p. 160).

B. *Le déféré préfectoral*

Le préfet n'a plus le pouvoir de déclarer lui-même la nullité des actes des autorités locales. Désormais, s'il estime qu'un acte est illégal, il ne peut que le déférer au tribunal administratif, seul compétent pour en prononcer l'annulation. La procédure du déféré ne s'applique pas aux actes pris au nom de l'Etat, ni aux actes relevant du droit privé. Le préfet peut également être saisi par toute personne lésée. En outre, la loi de 1982 maintient un régime dérogatoire en matière de police administrative. Enfin, l'application de cette réforme a donné lieu à une pratique originale.

1° Le déféré préfectoral pour les actes soumis à l'obligation de transmission

Proche du recours pour excès de pouvoir, le déféré préfectoral présente cependant certaines spécificités. Le préfet dispose d'un délai de deux mois à compter de la réception de l'acte pour le déférer au tribunal administratif. Conformément au droit commun, ce délai est prorogé par les demandes dont le préfet peut saisir les autorités décentralisées afin qu'elles abrogent ou rectifient les actes estimés illégaux et qui sont qualifiées de recours gracieux (CE 16 mai 1984, Com. de Vigneux-sur-Seine, p. 182; 18 avril 1986, Com. de la Rép. d'Ille et Vilaine, *AJDA* 1986, p. 455; *RFDA* 1987, p. 206). La loi prescrit au préfet d'informer sans délai l'autorité locale de l'exercice du déféré et des illégalités de l'acte, mais le non respect de cette prescription a été jugée sans effet sur la recevabilité du déféré (CE 24 avril 1985, Ville d'Aix-en-Provence, *RFDA*, 1985, p. 527). Sur demande de l'autorité exécutive, le préfet l'informe de son intention de ne pas déférer l'acte transmis et aucun délai n'est imposé pour la délivrance de cette attestation de non-recours. Une telle attestation ne fait pas obstacle à la mise en œuvre du déféré, ni à l'action des particuliers qui s'estiment lésés. A la différence du recours pour excès de pouvoir, le déféré s'étend aux actes contractuels.

Le préfet dispose-t-il d'un pouvoir discrétionnaire ou, face à un acte illégal, est-il tenu de saisir le juge? Le Conseil constitutionnel avait reconnu dans sa décision du 25 février 1982 que le déféré était une simple faculté et cette qualification, après quelques controverses, a été retenue par le Conseil d'Etat. Le juge a également admis, après quelques hésitations, que le représentant de l'Etat, après avoir déféré un acte, pouvait ultérieurement se désister pour des motifs d'opportunité (CE 25 février 1991, Brasseur, *AJDA*, 1991, p. 351). L'affirmation de ce pouvoir discrétionnaire a des conséquences nombreuses sur la pratique du contrôle. Le préfet n'est pas un simple intermédiaire dans une procédure qui ne serait que juridictionnelle, mais il dispose d'un réel pouvoir de régulation et de négociation avec les autorités locales.

En outre, le préfet peut assortir son recours d'une demande de sursis à exécution. Si le sursis est accepté, l'acte cesse d'être exécutoire jusqu'au jugement au fond. Les conditions d'octroi du sursis dans cette hypothèse sont moins restrictives que dans la procédure de droit commun. En effet, le sursis est accordé si le recours s'appuie sur un moyen sérieux qui paraît en l'état de la requête de nature à justifier l'annulation de l'acte déféré. La condition tenant au caractère difficilement réparable du préjudice, exigée dans la procédure de droit commun, est ici écartée. De plus, lorsque l'*acte attaqué est de nature à compromettre l'exercice d'une liberté publique ou individuelle,* le président du tribunal prononce le sursis dans les quarante-huit heures. La décision relative au sursis est susceptible d'appel devant le Conseil d'Etat et le président de la section du contentieux statue dans les quarante-huit heures.

De sa propre initiative, le préfet peut également déférer au tribunal administratif les actes non soumis à l'obligation de transmission et c'est le régime du recours pour excès de pouvoir qui s'applique. Enfin, la loi du 7 janvier 1986 organise un contrôle spécifique sur *les actes qui sont de nature à compromettre gravement le fonctionnement ou l'intégrité des ouvrages et installations intéressant la défense nationale*.

2° Le déféré à la demande d'une personne lésée

Toute personne peut demander au préfet de déférer au tribunal un acte qu'elle estime illégal et éventuellement requérir le sursis à exécution. Une telle demande ne prolonge pas le délai du déféré préfectoral. Pour les actes non soumis à l'obligation de transmission, le délai court à compter de la réception de la demande. Depuis la jurisprudence *Brasseur*, le juge considère que le refus du préfet de faire droit à la demande d'un administré est insusceptible de recours pour excès de pouvoir. Cette solution a aussi pour but de favoriser le dialogue entre le représentant de l'Etat et les autorités locales et de ne pas limiter la liberté du préfet par les demandes des administrés. Mais pour atténuer les conséquences d'une telle solution vis-à-vis des citoyens, le juge admet dans la même décision que la demande de l'administré a pour effet de proroger le délai du recours pour excès de pouvoir. Ainsi le pouvoir du préfet ne sera pas entravé par l'action des administrés qui conservent la capacité d'agir directement devant le juge dans le cadre du recours pour excès de pouvoir.

3° Le régime dérogatoire en matière de police administrative

Pour certains actes, le préfet a conservé un pouvoir de substitution. Pour l'essentiel, il s'agit des mesures prises par le maire ou par le président du conseil général en tant qu'autorités de police administrative. Le préfet, après mise en demeure de l'autorité locale, peut se substituer à elle pour prendre la décision.

4° La réalité du contrôle administratif

Les solutions jurisprudentielles concernant la mise en œuvre du déféré préfectoral ont favorisé l'émergence d'une phase pré-contentieuse du contrôle qui permet au représentant de l'Etat d'assurer une mission de régulation. Le bilan du contrôle révèle que seule une très faible proportion des actes transmis au préfet donne lieu à des recours devant les juridictions, ainsi qu'en témoignent les *rapports au gouvernement et au Parlement* publiés annuellement en application de la loi du 2 mars 1982. Le nombre de recours par rapport aux actes transmis représente en moyenne moins de 0, 04 %

de ceux-ci. La majorité des déférés concerne la fonction publique (plus de 50 %), puis l'urbanisme (20 %). Le *rapport public du Conseil d'Etat* de 1993 souligne que l'insuffisance du contrôle, notamment en matière d'urbanisme et de marchés publics, est préoccupante et de nouveaux textes ont accru les modalités de contrôle et les obligations de transparence.

C. *Un régime dérogatoire dans certains domaines*

Dans le domaine des marchés publics et des délégations de service public, le droit communautaire impose le respect des principes de transparence et de mise en concurrence. Afin de répondre à ces exigences, le droit national s'adapte. Ainsi, la loi du 3 janvier 1991 crée une *mission interministérielle d'enquête sur les marchés* compétente pour vérifier les conditions de passation des marchés publics et, depuis la loi du 29 janvier 1993, des conventions de délégation de service public.

Le texte de 1993 renforce les pouvoirs du juge administratif en organisant une procédure d'urgence spécifique dénommée *recours pré-contractuel.* Dans le cadre de ce recours, le président du tribunal administratif peut être saisi, avant la conclusion du contrat, par toute personne ayant un intérêt à conclure le contrat et susceptible d'être lésée par tout manquement aux dispositions législatives et réglementaires. Le préfet peut également saisir le juge. Le président du tribunal administratif ou son délégué statue par voie de référé. Pour éviter un encombrement de la juridiction, la loi prévoit que les personnes habilitées à introduire le recours doivent, préalablement à la saisine, demander à la personne morale de se conformer aux obligations de concurrence et de publicité. En cas de refus ou d'absence de réponse dans un délai de dix jours, l'auteur de la demande peut alors agir devant le juge administratif qui doit statuer dans un délai de vingt jours. Le juge détient des pouvoirs importants : il peut ordonner à la personne publique de se conformer à ses obligations, suspendre la passation du contrat, annuler des décisions s'y rapportant ou en suspendre l'exécution ou même supprimer les clauses contractuelles irrégulières.

La loi du 15 février 1995 *d'orientation pour l'aménagement et le développement du territoire* organise un régime particulier du sursis à exécution en matière d'urbanisme, de marché public et de délégation de service public. Aux termes de l'article 27 de ce texte, «la demande de sursis à exécution formulée par le préfet dans les dix jours à compter de la réception de l'acte entraîne la suspension de celui-ci». L'acte redevient exécutoire si le tribunal administratif n'a pas statué dans le délai d'un mois. Ce dispositif a pour but d'empêcher que certaines situations ne deviennent irréversibles. Le conseil constitutionnel avait déclaré non conformes à la Constitution les dispositions initiales du texte, en raison du non-respect du principe de libre administration, dès lors que la demande de sursis par le préfet pouvait être formulée à toute époque et que la suspension était susceptible d'atteindre trois mois.

SECTION IV
LA DÉMOCRATIE LOCALE

La réforme de 1982 annonçait un texte sur le développement de la participation à la vie locale. La démocratie locale fera l'objet de dispositions particulières dans la loi du 6 février 1992. Les objectifs de ce texte visent le droit à l'information des élus et des citoyens et la consultation des habitants sur les affaires qui les concernent. La démocratie locale apparaît comme un complément nécessaire de la décentralisation. Le principe de transparence de l'action administrative trouve dans les orientations de la loi de 1992 des réponses importantes mais partielles. La lutte contre la corruption va justifier un renforcement des dispositifs en faveur d'une plus grande transparence de l'action publique dans les domaines des marchés publics, des délégations de service public et de l'urbanisme et une amélioration des modalités de la démocratie locale prévues en 1992. Le renforcement des contrôles financiers répond aussi à cet objectif et sera traité dans le chapitre VI. Il s'agit ici de présenter les nouvelles règles concernant l'amélioration de l'information des habitants et des élus et les éléments de la démocratie participative.

§ 1 – L'INFORMATION

Si le droit à l'information des administrés a conduit le législateur à intervenir dans des domaines aussi divers que l'informatique, l'accès aux documents administratifs ou encore la motivation des actes administratifs, la question de la démocratie locale prend un sens différent et conduit à reconnaître des droits précis aux citoyens et aux élus.

A. *L'information des citoyens*

L'objectif essentiel de la loi de 1992 est de reconnaître aux citoyens un droit à l'information pour les actes les plus importants des collectivités territoriales. Ce droit se traduit essentiellement par l'obligation pour la collectivité de communiquer les documents demandés par *toute personne physique ou morale*, alors qu'auparavant cette possibilité était réservée aux habitants ou aux contribuables. Les documents dont la communication peut être demandée concernent les procès-verbaux des assemblées, les budgets et les comptes, les arrêtés de l'autorité exécutive et les documents relatifs à l'exploitation des services publics délégués. Ces dispositions s'appliquent aux collectivités territoriales et aux établissements publics de coopération.

Parallèlement à cette obligation d'information, la loi impose la publication de tous les actes à caractère réglementaire pris par les organes délibérants ou exécutifs des communes de plus de 3 500 habitants (ouverture d'un recueil des actes administratifs), des établissements publics de coopération intercommunale comprenant au moins une commune de 3 500 habitants et plus, des départements et des régions. En outre, ce texte prévoit l'insertion dans une publication locale de certaines catégories de délibérations, et notamment celles qui ont pour objet de favoriser le développement économique par l'octroi d'aides directes et indirectes, celles qui visent à assurer le maintien des services nécessaires à la satisfaction des besoins des populations en milieu rural ou qui sont relatives à l'octroi d'aides aux entreprises en difficulté et enfin celles qui approuvent une convention de délégation de service public.

Le texte de 1992 exige également la publicité de certains documents, et notamment la liste des concours attribués par la collectivité aux associations sous forme de prestations en nature et de subventions et le bilan du dernier exercice connu des organismes dans lesquels la collectivité détient une part de capital ou au bénéfice desquels la commune a garanti un emprunt ou versé une subvention supérieure à 500 000 F ou représentant plus de 50 % du budget de l'organisme. La législation prévoit aussi un renforcement du contrôle des associations et des organismes subventionnés. Ainsi, la loi de 1993 définit de nouvelles obligations comptables aux associations subventionnées pour un montant d'au moins un million de francs, et en particulier la certification des comptes par un commissaire aux comptes.

B. *L'information des élus*

Les membres élus des assemblées délibérantes locales se voient reconnaître des droits particuliers à l'information. Ils bénéficient du droit à communication des documents dans les mêmes conditions que toute autre personne. De plus, tout membre d'une assemblée délibérante a le droit, dans le cadre de sa fonction, d'être informé des affaires de la collectivité qui font l'objet d'une délibération. L'application de ce droit général se traduit par la reconnaissance de droits spéciaux, susceptibles de favoriser la participation réelle des élus avant la prise de décision. Ainsi, il existe un droit à l'information lié au mandat lui-même. La loi précise les règles de fonctionnement des assemblées et elle exige que toute convocation de réunion soit complétée par une note explicative de synthèse sur les affaires traitées. Le texte impose un débat sur les orientations générales du budget dans un délai de deux mois précédant l'examen de celui-ci. En outre, la loi consacre le droit pour les conseillers de poser en séance du conseil des questions orales ayant trait aux affaires de la collectivité.

Le développement du droit à l'information n'est qu'un des aspects de la réalité de la démocratie locale. La loi innove également dans le domaine de la participation des habitants à la vie locale.

§ 2 – La participation

La participation des habitants à la vie locale consacrée par la loi de 1992 est de nature consultative et non décisionnelle. Elle recouvre deux formes : la création d'instances particulières et la consultation directe. Mais cette modalité démocratique n'est organisée qu'à l'échelon communal, alors que les dispositions sur l'information sont applicables à l'ensemble des collectivités.

A. *Les instances de participation*

La loi impose aux communes de plus de 3 500 habitants et aux établissements publics de coopération comprenant au moins une commune de 3 500 habitants et plus de créer une commission consultative, compétente pour un ou plusieurs services publics locaux exploités en régie ou dans le cadre d'une convention de gestion déléguée. Présidé par le maire ou par le président de l'établissement public, cet organisme réunit les représentants d'associations d'usagers concernés. Cette forme de consultation peut paraître très formelle. Cependant, la capacité d'organisation des usagers favorise le développement de contre-pouvoirs, notamment au niveau des instances intercommunales qui, en raison du système de représentation au second degré, sont éloignées des citoyens. Les communes peuvent créer des comités consultatifs sur tout problème d'intérêt communal. Ces comités sont présidés par un membre du conseil municipal et comprennent des personnes extérieures au conseil et notamment les représentants des associations locales.

Conformément à la tradition politique française, le rôle des associations et des citoyens dans la vie locale reste limitée. La reconnaissance de la consultation de la population au niveau communal ne constitue pas davantage un bouleversement.

B. *La consultation directe*

Le texte de 1992 précise que «les électeurs de la commune peuvent être consultés sur les décisions que les autorités municipales sont appelées à prendre pour régler les affaires de la compétence de la commune». Cette modalité de consultation ne consacre ni un droit d'initiative populaire, ni la pratique du référendum. En effet, la décision relève du seul conseil municipal, que la consultation soit proposée par le maire ou demandée par écrit par le tiers au moins des membres du conseil municipal dans les communes de 3 500 habitants ou plus ou par la moitié de ceux-ci dans les communes de moins de 3 500 habitants. De plus, le résultat de la consultation ne lie pas les organes municipaux. Enfin, la consultation ne peut être organisée qu'à des moments très précis : un délai d'un an est nécessaire entre deux consultations et il n'est pas possible d'en prévoir à partir du 1er janvier de l'année civile qui précède l'année des élections municipales.

Avant l'adoption de ces dispositions, les maires avaient mis en œuvre des modalités de consultation des habitants. Le texte de 1992 vise surtout à encadrer une pratique qui peut s'avérer dangereuse, tant du point de vue de la démocratie que de l'exercice du pouvoir local. Outre les obstacles juridiques à l'introduction du référendum communal, il existe un réel danger de dérive plébiscitaire.

CHAPITRE III

L'organisation du territoire local

L'organisation des territoires locaux repose historiquement sur l'uniformité des statuts juridiques. Cependant, ce principe a laissé place à l'existence de statuts particuliers pour certaines collectivités. L'autre question importante est liée aux découpages de l'espace et notamment à l'émiettement communal. Depuis de nombreuses années, le législateur a défini des solutions afin d'adapter les territoires aux mutations socio-économiques, aux nouvelles compétences locales, aux politiques nationales d'aménagement du territoire et à l'Europe. Véritable enjeu, le regroupement communal se heurte à de fortes résistances. Enfin, la collaboration entre les autres collectivités territoriales et la coopération avec les collectivités étrangères sont l'objet de nouvelles dispositions législatives.

SECTION I
LES COLLECTIVITÉS TERRITORIALES À STATUT PARTICULIER

Le législateur a défini un statut particulier pour certaines communes et pour certaines régions.

§ 1 – LES COMMUNES À STATUT PARTICULIER

L'organisation des communes reposait sur le principe de l'uniformité de leur statut juridique et cela quelle que fût leur importance. Mais dès la fin du XIXe siècle, Paris est soumis à un statut dérogatoire qui va évoluer peu à peu pour se rapprocher du droit commun. Hormis le cas de Paris, les villes de Lyon et de Marseille sont l'objet de quelques règles spécifiques. La nécessité d'accorder un statut particulier adapté à la situation des trois plus grandes villes est consacrée par le législateur en 1982. Mais l'organisation des territoires liée au développement de l'urbanisme pose un problème beaucoup plus général. A la fin des années 60, le législateur propose une solution originale avec la création des agglomérations nouvelles.

A. *Le statut de Paris, Lyon et Marseille*

Avant l'adoption d'un statut commun aux trois villes de Paris, Lyon et Marseille, seule la capitale était soumise à un régime largement dérogatoire.

1° La spécificité de Paris

Les facteurs politiques ont expliqué la volonté du pouvoir central de contrôler étroitement Paris. Après l'expérience de la Commune en 1871, Paris et le département de la Seine seront exclus du mouvement de décentralisation pour être soumis à un statut particulier assurant à l'Etat une étroite maîtrise de ce territoire. A partir des années 60, les textes dotent Paris d'une plus large autonomie en lui reconnaissant la qualité de collectivité territoriale à statut particulier. C'est seulement en 1975 que le législateur adopte un régime juridique proche du droit commun. Le territoire de la ville de Paris est composé de deux collectivités : le département et la commune. Ces deux collectivités sont administrées par une même assemblée, le conseil de Paris. Le maire est désigné par le conseil dans les conditions du droit commun. Il détient des pouvoirs comparables aux maires et auxquels s'ajoutent les attributions d'un président de conseil général,

à l'exception des pouvoirs de police qui relèvent du préfet de police. Le statut de 1975 dote les arrondissements de commissions avec un rôle consultatif et d'animation.
Par deux lois du 31 décembre 1982, l'une sur l'organisation administrative et l'autre sur le mode d'élection des conseillers, le législateur opte pour un statut commun aux trois premières villes de France.

2° La loi PLM

C'est le droit commun des communes qui s'applique, sous réserve des modalités particulières de la loi du 31 décembre 1982. L'originalité de la loi *PLM* réside dans l'organisation déconcentrée du pouvoir municipal. Le texte de 1982 précise que les communes de Paris, Lyon et Marseille sont respectivement divisées en 20, 16 et 9 arrondissements municipaux. Dans chaque arrondissement, il est créé un conseil présidé par le maire d'arrondissement et le conseil désigne un ou plusieurs adjoints. Ce mode d'organisation a pour but de rapprocher l'administration municipale des habitants. Les arrondissements bénéficient d'une certaine autonomie financière.

a) Le conseil d'arrondissement

Il est composé de conseillers municipaux et de conseillers d'arrondissement. Il fonctionne comme un conseil municipal ordinaire. Les compétences du conseil sont variées. Il a tout d'abord un rôle d'information : questions écrites au maire de la commune, questions avec débat, vœux et avis sur toute affaire concernant l'arrondissement. Il est aussi consulté par le conseil municipal sur le montant des subventions attribuées aux associations dont l'activité est du ressort de l'arrondissement, sur le plan d'occupation des sols et sur les opérations d'aménagement. Enfin, il délibère sur les équipements publics de proximité à finalité sociale et sportive et assure leur gestion. La loi a prévu la participation des associations au sein d'un comité d'initiative et de consultation.

b) Le maire d'arrondissement et les adjoints

Ils sont élus au sein du conseil d'arrondissement. Le maire doit être choisi parmi les membres du conseil municipal et cette fonction est incompatible avec celle de maire de la commune. Le maire exerce notamment les compétences en matière d'état civil, d'obligation scolaire, de service national ou d'élection.

B. *Les agglomérations nouvelles*

A partir du milieu des années 60, les conséquences de l'urbanisation imposent de nouvelles solutions dans l'organisation du territoire. A côté des formules de coopération, l'idée plus originale des villes nouvelles est proposée. Jusqu'en 1970, quelques dispositions permettent de mettre en œuvre les premières villes nouvelles dans la région parisienne, de Lille, de Lyon et de Rouen et ce dispositif fait une large place à l'Etat. La loi du 10 juillet 1970, dite loi *Boscher*, modifiée par la loi du 13 juillet 1983 et par des textes ultérieurs, donne un statut aux agglomérations nouvelles, en précisant leurs conditions de création, de gestion et leurs compétences.

1° La création

L'article 1er de la loi de 1983 précise que «les agglomérations nouvelles contribuent à un meilleur équilibre social, économique et humain des régions à forte concentration de population, grâce aux possibilités d'emploi et de logement et aux équipements publics et privés offerts». Ces opérations qualifiées d'intérêt national et régional se situent dans le cadre du plan. Il appartient au préfet de proposer la liste des communes intéressées et le projet de périmètre d'urbanisation, après concertation avec les maires et les conseillers généraux concernés. Puis, ces documents sont soumis pour avis aux conseils municipaux, au conseil général et au conseil régional. Si le projet réunit l'avis favorable de chacun des conseils municipaux, la décision de création est prise par arrêté du représentant de l'Etat dans le département et, à défaut, par décret en Conseil d'Etat.

2° La gestion

La gestion des agglomérations nouvelles est au centre des relations entre les communes et la ville nouvelle. Pour ménager les susceptibilités, le législateur offre aux communes le choix entre quatre solutions et les conseils municipaux doivent se prononcer dans le délai de six mois. La solution la plus intégrative, et sans doute la plus satisfaisante, conduit à la création d'une nouvelle commune par fusion simple ou par fusion association réalisée après consultation de la population dans les conditions de droit commun. A défaut de majorité favorable, les communes peuvent opter entre trois possibilités : la transformation en commune unique, la création d'une communauté d'agglomération nouvelle ou la création d'un syndicat d'agglomération nouvelle. Le choix s'effectue à la majorité qualifiée des conseils municipaux concernés et la décision est prise par arrêté préfectoral. A défaut de décision dans le délai de six mois, la zone comprise dans le périmètre d'urbanisation est érigée en commune.

La communauté d'agglomération nouvelle obéit largement au droit applicable aux communautés urbaines, à l'exception de la composition du conseil d'agglomération qui regroupe les délégués des communes élus au suffrage universel par les électeurs inscrits dans les communes membres. Quant au syndicat d'agglomération nouvelle, son régime est celui des syndicats de communes.

3° Les compétences

La répartition des compétences entre les communes et la structure d'agglomération nouvelle fait l'objet de dispositions particulières pour répondre aux objectifs d'urbanisation. Les attributions obligatoires confiées à l'établissement public (communauté ou syndicat) sont nombreuses : programmation et investissement dans les domaines de l'urbanisme, opérations d'urbanisme, logement, transports, réseaux divers, création de voies nouvelles et développement économique. En matière d'équipements, la loi reconnaît aux communes une compétence de droit commun, à l'exception de ceux reconnus d'intérêt commun. La répartition des compétences dans ce domaine est soumise à une procédure assurant le respect des intérêts des communes qui se prononcent à la majorité qualifiée. Enfin, la loi organise précisément les conditions de retrait et d'admission des communes.

§ 2 – LES RÉGIONS À STATUT PARTICULIER ET LA CORSE

En raison de leurs spécificités géographiques, économiques et politiques, certaines régions et la Corse sont soumises à des statuts particuliers.

A. *Les régions à statut particulier*

Le particularisme s'applique à la région Ile-de-France et aux régions d'outre-mer.

1° La région Ile-de-France

La situation démographique et économique de l'Ile-de-France a justifié l'application d'un régime dérogatoire. La première structure d'administration de ce territoire est celle d'un district dont le régime juridique est tout à fait original.

Puis, en 1964 le législateur substitue aux deux départements de la Seine et de la Seine-et-Oise sept départements nouveaux. En 1966, un préfet de région est créé et il est chargé de pouvoirs importants dans les domaines de l'aménagement, de la planification et de l'urbanisme. Il faudra attendre 1976 pour que le statut de l'Ile-de-France se rapproche du droit commun. Enfin, la loi du 6 janvier 1986 qui abroge celle de 1976 donne à la région Ile-de-France un statut comparable à celui des régions, notamment en matière d'organisation et de fonctionnement. Le particularisme qui subsiste existe essentiellement au niveau des compétences et des moyens financiers.

On doit tout d'abord souligner que la fonction de président du conseil régional est incompatible avec celle de maire de Paris. La région dispose d'attributions particulières par rapport au droit commun dans trois domaines : les équipements collectifs d'intérêt régional, les espaces verts et les transports. La région peut procéder à des acquisitions immobilières en vue de leur rétrocession. Elle exerce son droit de préemption dans les zones d'aménagement différé sans avoir à recueillir l'avis des communes intéressées. Elle définit la politique régionale de circulation et de transport de voyageurs et assure sa mise en œuvre.

2° Les régions d'outre-mer

Les régions de la Guadeloupe, de la Guyane, de la Martinique et de la Réunion, qui sont également des départements, sont érigées en collectivités territoriales régies par le droit commun, sauf dérogations prévues par les textes. Deux textes particuliers ont été adoptés : la loi du 31 décembre 1982 concernant l'organisation et celle du 2 août 1984 relative aux compétences. Les dispositions du texte de 1982, qui substituait au conseil général et au conseil régional une assemblée unique, ont été déclarées non conformes à la Constitution.

Ces régions forment une seule circonscription électorale et le mode de scrutin est identique à celui des autres régions. Du point de vue de l'organisation, les règles de droit commun s'appliquent. La différence essentielle réside dans le fait que le conseil régional est assisté non seulement d'un comité économique et social, mais aussi d'un comité de la culture, de l'éducation et de l'environnement et dont le rôle est consultatif. Les textes ont institué un centre régional de promotion de la santé et un conseil régional de l'habitat. Enfin, les régions d'outre-mer détiennent de nombreuses compétences : développement économique, social, sanitaire, culturel et scientifique et aménagement du territoire. Les textes précisent les attributions des conseils en matière de développement économique et d'aménagement : adoption du schéma d'aménagement qui fixe les orientations fondamentales en matière de développement, de mise en valeur du territoire et de protection de l'environnement, agriculture et forêt, emploi et formation professionnelle, mise en valeur des ressources de la mer, énergie et développement industriel, transports et logement. Les conseils régionaux peuvent également adresser des propositions de modification ou d'adaptation de la législation et ils détiennent diverses compétences consultatives. Ils peuvent créer des agences sous forme d'établissements publics chargés d'assurer la réalisation des projets et le fonctionnement des services publics.
Ces territoires sont confrontés à d'importants problèmes économiques et à la nécessaire adaptation aux principes de l'Union européenne.

B. *La Corse*

Depuis de nombreuses années, la Corse est l'objet de réformes permanentes. Les multiples textes qui se succèdent tentent de trouver une solution juridique aux difficiles problèmes politiques qui caractérisent ce territoire. Le dernier statut élaboré par la loi du 13 mai 1991 érige la Corse en collectivité territoriale à statut particulier. La Corse comprend deux départements : la Corse du Sud et la Haute-Corse. Le régime adopté en 1991 est largement dérogatoire, tant du point de vue de l'organisation, des compétences que des aspects financiers. Avant de présenter ces particularités, il convient d'analyser la notion de peuple corse contenue dans le projet de loi et censurée par le Conseil constitutionnel.

1° La notion de peuple corse

Malgré l'avis négatif du Conseil d'Etat, le projet de loi déposé devant l'Assemblée nationale se réfère à la notion de *peuple corse* dans l'exposé des motifs et dans l'article 1er. L'exposé des motifs affirme «l'existence du peuple corse comme communauté historique et culturelle vivante regroupant les Corses d'origine et les Corses d'adoption». L'article 1er mentionne que «la République française garantit à la communauté historique et culturelle vivante que constitue le peuple corse, composante du peuple français, les droits à la préservation de son identité culturelle et à la défense de ses intérêts économiques et sociaux spécifiques». Cette référence à la notion de peuple corse, à l'origine de multiples débats au sein du Parlement, est censurée par le Conseil constitutionnel.

Le Conseil rappelle que le concept juridique de peuple français a valeur constitutionnelle et que, par conséquent, il appartient au pouvoir constituant et non au pouvoir législatif d'introduire éventuellement en son sein des composantes nouvelles du peuple français. De plus, le Conseil s'appuie sur l'article 2 de la constitution de 1958 en vertu duquel «la France est une République indivisible, laïque, démocratique et sociale. Elle assure l'égalité devant la loi de tous les citoyens sans distinction d'origine, de race ou de religion.» En vertu de ces dispositions, le peuple français est un et il est composé de tous les citoyens français sans distinction d'origine. Pour ces motifs, le juge constitutionnel déclare l'article 1er non conforme à la Constitution.

2° Une organisation originale

La loi de 1991 met en place une organisation originale basée sur une assemblée, un exécutif collégial et un conseil économique, social et culturel.

a) L'assemblée

L'assemblée est composée de cinquante et un membres élus pour six ans au suffrage universel direct. L'élection a lieu au scrutin de liste à deux tours suivant le système proportionnel, auquel s'ajoute une prime à la liste majoritaire. Ainsi, au premier tour, la liste qui obtient la majorité absolue se voit attribuer trois sièges et les sièges restants sont répartis entre toutes les listes en présence à la représentation proportionnelle à la plus forte moyenne. Si aucune liste n'a obtenu la majorité absolue au premier tour, un second tour est organisé et les mêmes modalités de répartition des sièges s'appliquent. Contrairement au droit commun, le fonctionnement de l'assemblée se caractérise par deux sessions ordinaires d'une durée maximale de trois mois. Des sessions extraordinaires peuvent être organisées à l'initiative du président du conseil exécutif ou à la demande du tiers des conseillers de l'assemblée sur un ordre du jour déterminé et pour une durée qui ne peut excéder deux jours.

L'assemblée exerce le pouvoir délibérant dans des conditions identiques aux assemblées locales. Mais elle détient des pouvoirs spécifiques et, en particulier, elle exerce le contrôle du conseil exécutif. Elle dispose d'un pouvoir consultatif et de proposition en matière de législation sur la Corse.

b) Le conseil exécutif et le président

L'organisation du pouvoir exécutif en Corse est tout à fait originale. En effet, la loi du 13 mai 1991 met en place un exécutif collégial. Le conseil comprend un président assisté de six conseillers. Les conseillers exécutifs et le président sont élus par l'assemblée au scrutin de liste à la majorité absolue aux deux premiers tours et à la majorité relative au troisième tour. Le président est le candidat qui figure en tête de la liste élue. Les fonctions de conseillers exécutifs et de président sont incompatibles avec celles de membres de l'assemblée.

La loi innove également en définissant les relations entre l'assemblée et le conseil exécutif sur le modèle parlementaire. Ce texte pose comme principe que l'assemblée peut mettre en cause la responsabilité du conseil exécutif par le vote d'une motion de défiance. Pour être valable, la motion doit mentionner la liste des candidats aux fonctions du nouveau conseil, en cas d'adoption de la motion. Pour éviter l'instabilité du pouvoir exécutif, les conditions d'adoption de la motion sont très restrictives et seuls sont recensés les votes favorables.

Le conseil exécutif dirige l'action de la collectivité de Corse. C'est de lui que relèvent l'élaboration et la mise en œuvre du plan de développement et le schéma d'aménagement de la Corse. Le président détient d'importantes compétences qui sont comparables à celles du président du conseil régional. Il rend compte de la situation et des actions dans un rapport annuel présenté pour avis au conseil économique et pour examen à l'assemblée.

c) Le conseil économique, social et culturel

Cet organe consultatif comprend deux sections : économique et sociale d'une part, culture, éducation et cadre de vie d'autre part. Les fonctions de membres de ce conseil sont incompatibles avec celles de membres de l'assemblée et du conseil exécutif. Il est consulté sur le plan de développement et sur le schéma d'aménagement de la Corse, sur toute étude régionale d'aménagement et d'urbanisme, sur la préparation du plan national et sur les orientations générales du budget.

3° Des compétences étendues

La collectivité territoriale de Corse a des attributions plus étendues que celles des régions. Son action est orientée vers deux principaux domaines d'action qui sont l'identité culturelle et le développement économique. Au niveau culturel, la collectivité est compétente en matière d'éducation et d'enseignement supérieur, de communication, de culture et d'environnement. Du point de vue du développement économique, elle élabore, dans le cadre du plan de la nation, le plan de développement de l'île et le schéma d'aménagement. Elle intervient sous forme d'aides directes et indirectes conformément au droit commun. Elle joue un rôle dans le développement agricole et rural, le tourisme, le logement, les transports, la formation professionnelle et l'énergie. Pour réaliser ces actions, la collectivité bénéficie de modalités d'intervention originales et s'appuie sur des offices spécialisés dans le développement agricole et rural, l'équipement hydraulique, le développement touristique, l'environnement et les transports.

Le particularisme du statut juridique de la Corse est donc important. Il a pour but de répondre aux aspirations politiques d'autonomie et aux spécificités géographiques et économiques de l'île. Mais l'autonomie doit être compatible avec le principe d'indivisibilité de la République. Face aux revendications maximalistes d'autonomie, le droit n'a pas de solutions. Or, la négociation politique est bloquée et la violence s'impose.

SECTION II
LES REGROUPEMENTS INTERCOMMUNAUX

Avec plus de 36 000 communes, la France est le pays d'Europe qui a le plus grand nombre de collectivités. Alors que la plupart des autres Etats européens ont réalisé une réforme d'ensemble de leur découpage territorial, les réformes adoptées en France sont restées limitées et aucune n'a pu imposer une recomposition de l'espace local. Après l'échec des solutions intégratives élaborées à la fin des années 60, c'est la logique traditionnelle de la coopération qui s'impose. Cependant, pour relancer la dynamique de coopération, la loi du 6 février 1992 propose de nouvelles modalités.

§ 1 – L'ÉCHEC DES SOLUTIONS INTÉGRATIVES

Au début des années 70, l'adaptation de la carte communale au contexte démographique et économique est devenue une priorité. Le législateur adopte une formule relativement contraignante pour réduire le nombre de communes. Cette solution a été appliquée avec succès dans d'autres pays européens tels que la l'Allemagne, le Belgique, la Grande-Bretagne et la Suède. Pour réaliser cet objectif, la loi du 16 juillet 1971 dite *loi Marcellin* choisit le procédé de la fusion, déjà prévue en 1884. Mais dès le vote du texte, les critiques se multiplient et la réforme se solde par un échec.

A. *Le système particulier de 1971*

Le texte de 1971 prévoit un plan d'ensemble de fusion des communes en confiant au représentant de l'Etat un pouvoir important. Dans chaque département, un projet de regroupement de communes doit être élaboré à partir d'un classement des communes, en fonction de leur capacité à assurer leur développement. Puis, le préfet arrête le plan départemental des solidarités intercommunales. Les conseils municipaux concernés sont alors consultés et doivent répondre dans les deux mois. En cas d'accord unanime des communes, la fusion est décidée par arrêté préfectoral. Dans le cas contraire, le représentant de l'Etat consulte le conseil général et, si l'avis est favorable, il peut prononcer la fusion, malgré l'opposition des communes. Si l'avis est défavorable, le préfet a le choix entre quatre solutions : abandon du projet, fusion limitée aux seules communes favorables, organisation d'un référendum intercommunal ou proposition d'autres formes de groupements. Le préfet a ainsi la possibilité de vaincre la résistance des conseils municipaux et du conseil général en faisant appel à la population et, si les résultats du référendum sont positifs, de prononcer la fusion. Face aux résultats décevants de l'application de la loi de 1971 (moins de 2 000 communes fusionnées en 1982), la procédure du plan départemental est abrogée, tandis que beaucoup de dispositions restent en vigueur.

B. *Le régime juridique actuel de la fusion*

La fusion est prononcée par arrêté préfectoral lorsqu'elle est acceptée par tous les conseils municipaux intéressés ou par décret en Conseil d'Etat après avis favorable du conseil général, dans le cas contraire. Les dispositions de la loi de 1971 toujours en vigueur organisent une procédure originale de consultation des populations. Le référendum peut être demandé soit par les conseils municipaux à la majorité qualifiée (moitié des conseils représentant les deux tiers de la population ou deux tiers des conseils municipaux comptant la moitié de la population), soit décidé par le préfet. La fusion est prononcée par arrêté préfectoral si le projet recueille l'accord de la majorité absolue des suffrages exprimés et le quart des électeurs inscrits. La loi assure le respect des minorités en précisant qu'« une commune ne peut être contrainte à fusionner si la consultation fait apparaître que les deux tiers des suffrages exprimés représentant au moins la moitié des électeurs inscrits ont manifesté leur opposition au projet».

La fusion a pour conséquence la création d'une nouvelle entité. Le texte de 1971 distingue la fusion simple et la fusion avec communes associées. Dans la première hypothèse, une convention, élaborée par les maires et ratifiée lors de la décision de la fusion, prévoit les modalités de celle-ci. Cet acte définit les caractéristiques de la nouvelle commune, il peut préciser les aspects relatifs au patrimoine et au personnel et prévoir des sectionnements électoraux, des sections de biens, des mairies annexes et des adjoints spéciaux au bénéfice des communes fusionnées. La formule de la fusion avec communes associées a pour but d'éviter la disparition trop brutale des communes et de sauvegarder ainsi les intérêts des populations. Dans ce cas, les communes disparaissent en tant que collectivités territoriales, mais elles conservent leur nom et bénéficient d'une certaine individualité administrative. Il appartient au conseil municipal de demander l'application du statut de commune associée et il est fait droit à cette demande dans l'acte de fusion. Cette qualité permet aux communes d'avoir un maire délégué, une mairie annexe, une section du centre d'action sociale dotée de la personnalité juridique et une commission consultative. Ce statut ne peut être supprimé qu'avec avis favorable de la population concernée.

En vue de favoriser les fusions, la loi du 31 décembre 1982 renforce l'autonomie des communes associées. Ce texte prévoit la création d'un conseil consultatif présidé par un maire délégué. Il fait application des dispositions relatives à l'organisation administrative de Paris, Lyon, Marseille et aux EPCI pour l'exercice des compétences. Ces dispositions prévues pour les communes de 100 000 habitants et plus sont appliquées aux autres communes sur décision du conseil municipal, après avis de la commission consultative ou à sa demande.

§ 2 – La coopération intercommunale avant 1992

La coopération a pour but de favoriser la mise en œuvre de compétences entre plusieurs communes au sein d'une nouvelle structure qualifiée d'établissement public de coopération intercommunale (EPCI). Les textes proposent des formes variées de regroupements de communes : syndicats, districts et communautés urbaines.

A. *Les syndicats de communes*

C'est la formule de regroupement la plus ancienne, la moins intégrative et elle a connu d'importantes évolutions. A la fin du XIXe siècle, le syndicat ne peut avoir qu'un objet unique et il est organisé selon deux principes : l'égalité et l'unanimité. Chaque commune, quelle que soit sa population, participe également à la vie du syndicat et les décisions doivent recueillir l'accord de tous les membres. L'ordonnance du 5 janvier 1959 va apporter de multiples assouplissements à cette organisation en autorisant la pluralité des compétences et l'application de la règle de la majorité qualifiée d'abord pour les syndicats à vocation unique, puis, en 1970 aux syndicats à vocation multiple. Enfin, la loi du 5 janvier 1988 introduit *le syndicalisme à la carte*. Il convient de présenter d'une part les conditions de création, de modification et de durée du syndicat, puis ses compétences et enfin son organisation et son fonctionnement.

1° Création, modifications et durée

Le syndicat est créé à l'initiative des communes par décision du préfet. En cas d'unanimité, le préfet enregistre les volontés des conseils municipaux par voie d'arrêté. A défaut, le préfet fixe la liste des communes intéressées, après avis du conseil général. Le syndicat ne sera créé par arrêté du préfet que si les conseils municipaux se sont prononcés à la majorité qualifiée (deux tiers des communes comprenant la moitié de la population ou la moitié des communes représentant les deux tiers de la population et l'avis favorable des communes dont la population est supérieure au quart de la population totale).

De nouvelles communes peuvent être admises à faire partie du syndicat sur décision favorable du comité notifiée aux maires des communes syndiquées. Les conseils municipaux doivent être consultés dans le délai de quarante jours et il est impossible de passer outre à l'opposition de plus d'un tiers des conseils municipaux. La décision est prise par le préfet. De plus le comité syndical peut délibérer sur l'extension des attributions et sur la modification des conditions initiales de fonctionnement ou de durée du syndicat et la décision est prise par le représentant de l'Etat, avec l'accord de la majorité qualifiée des communes concernées.

Enfin, une commune peut se retirer du syndicat avec le consentement du comité. Les conditions de modification ou du retrait sont identiques à celles applicables pour l'admission de nouvelles communes. La législation de 1988 a assoupli les conditions de retrait en organisant deux cas de retrait unilatéral. Une commune pourra exercer son droit de retrait si, par suite d'une modification de la réglementation ou de la situation de la commune au regard de cette réglementation, sa participation au syndicat est devenue sans objet. De plus, lorsqu'une commune estime que les dispositions statutaires relatives à la représentation des communes au comité ou aux compétences syndicales sont de nature à compromettre de manière essentielle son intérêt, elle peut demander la modification des dispositions statutaires en cause et, à défaut de décision favorable dans un délai de six mois, la commune peut demander au préfet d'exercer son droit de retrait. Faute d'accord amiable entre les communes, le préfet fixe les conditions du retrait, en particulier en matière financière et patrimoniale.

La loi du 5 janvier 1988 a créé dans chaque département une commission de conciliation en matière de coopération intercommunale, composée pour moitié d'élus des communes de moins de 2 000 habitants et pour moitié d'élus des communes de plus de 2 000 habitants et de présidents de groupements. Elle est obligatoirement saisie par le préfet en cas de retrait.

Le syndicat est constitué soit sans fixation de terme, soit pour une durée déterminée. Il est dissous de plein droit à l'expiration de la durée prévue, à l'achèvement de l'opération projetée, dans le cas de la création d'un autre groupement ou avec le consentement de tous les conseils municipaux intéressés. Il peut être dissous par arrêté du préfet sur la demande motivée de la majorité des conseils municipaux et après avis de la commission permanente du conseil général. Enfin, il peut être dissous d'office par décret pris après avis conforme du conseil général et du Conseil d'Etat. La loi du 5 janvier 1988 a ajouté le cas des établissements qui n'exercent aucune activité depuis deux ans. L'acte de dissolution détermine les conditions de la liquidation du syndicat sous réserve des droits des tiers.

2° Compétences

Les communes fixent dans la décision institutive les compétences du syndicat. L'établissement ne peut se voir confier que des actions ou des services d'intérêt intercommunal. Les communes ne pourront plus exercer les activités déléguées au syndicat qui est un organisme de substitution et non de superposition. Le syndicat ne peut agir en dehors de l'objet défini dans les statuts. Le juge administratif considère que les statuts doivent contenir précisément l'objet du syndicat et annule pour erreur manifeste d'appréciation toute dévolution trop large. La loi du 5 janvier 1988 a apporté une innovation majeure en autorisant les communes membres à n'adhérer au groupement que pour une partie seulement des compétences exercées par celui-ci, en fonction de leurs besoins. Dans cette hypothèse, la décision institutive ou la décision modificative devra indiquer la liste des communes membres, les compétences que le syndicat peut exercer et les conditions dans lesquelles chaque commune membre transfère tout ou partie des attributions que le groupement est habilité à exercer. Ce *syndicalisme à la carte* a des conséquences sur le fonctionnement de l'établissement et sur les modalités de répartition des financements entre les communes membres.

3° Organisation et fonctionnement

Le syndicat est administré par un comité composé de délégués des communes membres, à raison de deux représentants par commune désignés par le conseil municipal pour la durée du mandat de l'assemblée. Le choix peut porter sur tout citoyen, à l'exception des salariés de l'établissement. La décision institutive peut déroger à la règle de l'égalité pour tenir compte des critères démographiques et financiers. De plus, la loi du 5 janvier 1988 a assoupli les règles de représentation pour tenir compte des différences d'engagement des communes.

Le pouvoir exécutif du syndicat est confié au président qui est élu par le comité dans les mêmes conditions que le maire. Il est seul chargé de l'administration, mais il peut déléguer une partie de ses fonctions aux vice-présidents ou aux directeur et directeur adjoint de l'établissement. En outre, un bureau composé du président et d'un ou plusieurs vice-présidents peut recevoir délégation du comité, à l'exception des compétences financières.

Le fonctionnement du syndicat et le contrôle des actes sont identiques à ceux des communes. Cependant, pour tenir compte de la diversité des transferts de compétences entre les communes membres, le législateur de 1988 a mis en place un régime dérogatoire. Si tous les délégués prennent part au vote pour les affaires présentant un intérêt commun, seuls les délégués des communes intéressées par l'affaire mise en délibération le peuvent.

Les communes ont largement fait application de ce mode de regroupement pour gérer leurs services publics en commun. Mais elles sont restées réticentes pour mettre en place de véritables structures de développement local, tant en milieu urbain que rural. La conception qui domine l'organisation des syndicats est avant tout confédérale et laisse une large place à chaque commune membre, tant au niveau du pouvoir de décision qu'au niveau financier.

B. *Les districts*

La création des districts par l'ordonnance du 5 janvier 1959 correspond à la nécessité d'adapter la coopération au contexte urbain. Mais face à l'échec de cette solution, la loi du 31 décembre 1970 étend cette modalité à l'ensemble des communes et supprime le mode de création forcée. La volonté du législateur est de proposer une formule plus intégrative grâce au transfert obligatoire de certaines compétences, à l'abandon des règles de l'unanimité et de l'égalité et à l'application de la fiscalité directe. Le régime juridique des districts est très proche de celui des syndicats et seuls les aspects particuliers seront présentés.

1° Création, modifications et durée

La création des districts résulte de l'expression de la majorité des conseils municipaux des communes intéressées suivant les règles applicables aux syndicats. Toute modification concernant l'extension des attributions du district, les conditions initiales de fonctionnement et de durée suppose une délibération du conseil de district adoptée à la majorité qualifiée et après consultation obligatoire des conseils municipaux. La décision est prise par le représentant de l'Etat. Des communes nouvelles peuvent entrer dans le district avec le consentement du conseil et la décision d'admission est prise par le préfet. Les textes admettant le droit de retrait des communes membres ont été abrogés par la loi du 31 décembre 1982.

Le district est dissous, soit de plein droit à l'expiration de la durée fixée par la décision institutive ou en cas d'absorption dans une communauté urbaine, soit à la demande de la moitié des conseils municipaux représentant plus de la moitié de la population totale du district. En application de la loi du 6 février 1992, un district peut se transformer en communauté de communes par décision du conseil prise à la majorité des deux tiers au moins de ses membres ou en communauté de villes s'il comprend plus de 20 000 habitants. Enfin un district peut se transformer en syndicat de communes.

2° Compétences

Le district exerce obligatoirement les compétences suivantes : la gestion des services de logement, des centres de secours contre l'incendie et des services assurés par les syndicats de communes associant les mêmes communes que le district. Les communes peuvent dans les statuts décider de transférer d'autres compétences. Le conseil de district peut modifier l'objet du district.

3° Organisation et fonctionnement

Le district est administré par un conseil assisté d'un président et d'un bureau. Les conditions de fonctionnement du district sont les mêmes que celles applicables aux communes. Le nombre et la répartition des délégués des communes membres sont fixés par la décision institutive.

La conception originaire du district a connu une importante évolution. Conçu comme une réponse aux problèmes de la gestion des villes, le district est devenu un mode de coopération pour les communes urbaines comme pour les communes rurales (environ 300). Par rapport aux syndicats, ce mode de coopération favorise une intégration plus large des communes, tout en étant plus souple que le système retenu pour les communautés urbaines. En effet, le degré d'intégration est laissé pour une large part à l'initiative des communes membres. La réforme du 6 février 1992 risque de rendre désuet ce mode de groupement.

C. *Les communautés urbaines*

Dans les agglomérations les plus importantes, le découpage communal est un obstacle à toute politique urbaine et les structures de coopération traditionnelles ne sont guère adaptées à l'évolution des grandes villes et à une gestion rationnelle de l'espace urbain. Pour résoudre cette délicate question, le législateur a créé une nouvelle catégorie d'établissement public territorial, la communauté urbaine. La loi du 31 décembre 1966 opte pour une intégration très poussée des communes au sein de la structure communautaire et crée quatre communautés pour les agglomérations de Bordeaux, Lille, Lyon et Strasbourg. Le texte de 1966 a fait l'objet de modifications ultérieures qui n'ont pas bouleversé les principes posés en 1966.

1° Création, modifications et durée

A l'initiative des conseils municipaux, le périmètre de la future communauté, qui doit correspondre à un territoire homogène regroupant depuis 1992 au moins 20 000 habitants (seuil égal à 50 000 habitants en 1966), est fixée par arrêté préfectoral, après avis du conseil général. Dans ce cadre géographique, les communes concernées doivent être consultées. La communauté ne pourra être créée que si la majorité qualifiée est réunie et que si cette majorité comprend le conseil municipal de la commune dont la population est supérieure à la moitié de la population totale. La communauté sera instituée par décret simple s'il y a unanimité et par décret en Conseil d'Etat dans le cas contraire.

La communauté urbaine peut s'ouvrir à de nouvelles communes et la décision est prise par arrêté préfectoral. Cette extension résulte, soit de la demande des conseils municipaux avec l'accord du conseil de communauté, soit de l'initiative du conseil de communauté avec l'avis favorable du ou des conseils municipaux intéressés.

Conformément à l'esprit de la loi de 1966, la communauté est créée sans limitation de durée. De plus, le retrait d'une commune et la dissolution de la communauté sont exclus, mais le législateur avait assoupli ces interdictions. Puis, la loi du 31 décembre 1982 supprime de nouveau le droit de retrait et autorise la dissolution que dans un seul cas : à la demande de la majorité des conseils municipaux des communes membres de la communauté (majorité identique à celle exigée pour la création). La dissolution est prononcée par décret en conseil des ministres et un décret en conseil d'Etat détermine, sous réserve des droits des tiers, les conditions de la liquidation et la répartition des personnels entre les communes membres.

La loi du 6 février 1992 autorise la transformation des communautés urbaines en communautés de villes par décision du conseil de communauté prise à la majorité des deux tiers au moins de ses membres.

2° Compétences

La logique de la loi de 1966 est d'assurer la mise en place d'une véritable administration d'agglomération, en transférant de plein droit de nombreuses compétences à la communauté. Si la loi du 31 décembre 1982 est venue apporter certains assouplissements au régime de 1966, elle a eu peu de conséquences sur le champ d'intervention des communautés urbaines. En effet, le texte de 1982 redonne aux communes le service du logement et des organismes HLM, il adapte la définition des attributions communautaires aux lois sur la répartition des compétences et il supprime les compétences facultatives. Les domaines de compétences transférés à la communauté urbaine concernent *la politique urbaine, le développement économique, l'aménagement, les locaux scolaires, les services d'incendie et de secours, les transports urbains, les lycées et collèges, l'eau et l'assainissement.*

Lorsqu'un district préexiste, la communauté urbaine est substituée de plein droit à celui-ci et pour la totalité de ses compétences, sauf décision contraire prise à la majorité qualifiée et pour certaines attributions seulement.

La réforme de 1982 a assoupli les modes de relations entre la communauté, les communes membres et les autres collectivités, en privilégiant la solution contractuelle. Ainsi, la communauté peut passer des conventions avec les collectivités concernées pour la création ou la gestion de certains équipements ou services relevant de ses attributions et réciproquement. Pour résoudre les questions de modification des contrats de concession, d'affermage et de prestation de service liées au transfert de compétences, la communauté agit par voie d'accord amiable avec les communes.

L'importance des compétences exercées par la communauté urbaine a conduit le législateur à préciser les conséquences en matière de transfert de biens, de droits et d'obligations. Le principe est celui de l'affectation de plein droit des biens du domaine public des communes nécessaires à l'exercice des compétences de la communauté et de leur transfert définitif par accord amiable ou à défaut par décret en Conseil d'Etat.

3° Organisation et fonctionnement

La communauté urbaine est administrée par un conseil composé de délégués des communes membres, assisté d'un président, organe exécutif et d'un bureau. Le fonctionnement de la communauté est proche de celui des communes.

a) Le conseil de communauté

La représentation des communes au sein du conseil est sans doute la question la plus délicate. Plusieurs logiques s'affrontent : représentation de toutes les communes, place de la commune centre, critères démographiques et financiers. La loi de 1966 a fixé le nombre de délégués en fonction du nombre de communes membres et du nombre d'habitants. Elle organise, à défaut d'accord amiable, un système complexe de répartition des sièges à la représentation proportionnelle au plus fort reste. De plus, les communes les plus petites ont des délégués désignés par les maires groupés en un collège unique et bénéficient de clauses de sauvegarde pour protéger leurs intérêts. La loi du 31 décembre 1982 réforme la composition du conseil pour assurer une meilleure représentation directe des petites communes, tout en conservant une représentation équitable des populations. La loi du 4 février 1995 modifie une nouvelle fois la composition du conseil. Chaque conseil municipal désigne ses délégués en son sein, mais peut désigner tout citoyen, lorsque le nombre de conseillers est inférieur au nombre de sièges. Chaque commune dispose désormais d'un siège et les autres sièges sont répartis entre les communes dont la population est supérieure au quotient, suivant le système de la représentation proportionnelle à la plus forte moyenne. Cette réforme, vivement critiquée par les députés de l'opposition, a été déclarée conforme à la constitution par le Conseil constitutionnel (décision du 26 janvier 1995).

b) Le président

Le président est élu par le conseil de la communauté dans les mêmes conditions que le maire par le conseil municipal. Les controverses qui ont entouré la réforme de 1995 atteste de l'importance des enjeux d'une telle élection. Le président, surtout lorsqu'il est également maire de la ville centre, concentre un pouvoir important. Les communautés sont également dotées d'un bureau qui comprend le président et les vice-présidents.

Les neuf communautés urbaines créées jusqu'à ce jour regroupent plus de 4 millions d'habitants. Cette forme de coopération a permis, malgré les difficultés politiques et financières, la mise en œuvre de véritables politiques d'agglomération. La loi du 6 février 1992, en créant les communautés de villes, aura des conséquences sur le devenir des communautés urbaines.

§ 3 – Les solutions de coopération intercommunale depuis la loi du 6 février 1992

Le titre III de la loi du 6 février 1992 relative à l'*administration territoriale de la République* renouvelle le droit de la coopération locale. La méthode se veut moins autoritaire qu'incitative. Tout en respectant les formes de coopération existantes, la loi fixe comme objectif une redéfinition de la carte des groupements de communes et cette mission est confiée à un nouvel organisme, la commission départementale de coopération intercommunale. Le texte de 1992 crée également deux nouvelles catégories d'établissements publics territoriaux : les communautés de communes et les communautés de villes.

A. *La commission départementale de la coopération intercommunale*

L'article 66 de la loi de 1992 précise que «le progrès de la coopération intercommunale se fonde sur la libre volonté des communes d'élaborer des projets communs de développement au sein de périmètres de solidarité». Pour mettre en œuvre ce projet, une commission présidée par le préfet est instituée dans chaque département. Ainsi, si la mise en œuvre de la coopération est laissée à la liberté des communes, le représentant de l'Etat n'est pas exclu du processus.

La commission est composée de maires et de conseillers municipaux élus par les maires regroupés au sein de collèges électoraux (60 %), de représentants des établissements publics de coopération (20 %), de membres du conseil général (15 %) et d'élus régionaux (5 %). Tous les représentants sont élus au scrutin proportionnel à la plus forte moyenne.

La commission est chargée, à partir des propositions des communes, d'élaborer le *schéma départemental de coopération intercommunale.* Ce document d'orientation doit faciliter la mise en œuvre de la nouvelle loi. Elle a également pour mission d'établir et de tenir à jour un état de la coopération intercommunale dans le département. Elle peut formuler des observations et des propositions qui sont rendues publiques et elle est tenue informée de tout projet de coopération.

B. *Les nouvelles formes de coopération*

1° Les communautés de communes

La communauté de communes est, comme les autres groupements, un établissement public territorial associant plusieurs communes au sein d'un espace de solidarité, en vue de l'élaboration d'un projet commun de développement et d'aménagement de l'espace. A l'initiative des communes, le préfet fixe par arrêté la liste des communes intéressées. La communauté est créée par arrêté préfectoral à la demande de la majorité qualifiée des conseils municipaux des communes intéressées.

La communauté est administrée par un conseil composé des délégués des communes membres élus au sein du conseil municipal ou parmi les citoyens éligibles. Le texte de 1992 rompt avec le principe d'égalité de représentation des communes et opte pour une répartition des sièges en fonction de la population. Cependant, il appartient aux conseils municipaux des communes concernées de fixer la composition du conseil à la majorité des deux tiers représentant plus des trois quarts de la population, et comprenant les communes dont la population est supérieure au quart de la population totale. Le législateur impose toutefois deux règles : chaque commune dispose au moins d'un siège et aucune commune ne peut avoir plus de la moitié des sièges. Les autres organes de la communauté sont le président et le bureau. Les règles de fonctionnement sont identiques à celles appliquées aux syndicats de communes.

Les possibilités de retrait unilatéral reconnues par la loi de 1988 pour les syndicats ne s'appliquent pas aux communautés de communes.

En matière de compétences, la loi du 6 février 1992 met en place un système souple et original. Elle n'impose aucune compétence précise, mais seulement des domaines d'action parmi lesquels les communes choisissent. Ainsi, la communauté de communes exerce de plein droit aux lieu et place des communes membres, pour la conduite d'actions d'intérêt communautaire, des compétences relevant de l'aménagement de l'espace, du développement économique et, au choix, d'un au moins des quatre domaines d'action suivants : protection et mise en valeur de l'environnement; politique du logement et du cadre de vie; création, aménagement et entretien de la voirie; construction, entretien et fonctionnement d'équipements culturels et sportifs et d'équipement de l'enseignement préélémentaire et élémentaire. Il appartient aux communes membres d'inscrire dans la décision institutive prise à la majorité qualifiée les compétences effectivement transférées à la communauté. La décision institutive précise également les conséquences financières et patrimoniales des transferts, ainsi que les modalités d'affectation des personnels.

La méthode retenue a facilité l'application de la loi et la transformation des structures de coopération existantes.

Mais la très grande souplesse n'a sans doute pas permis une modification importante des conditions de la coopération et beaucoup de communautés ont reproduit, avec quelques aménagements, les syndicats de communes.

La loi a prévu l'hypothèse des communes regroupées en syndicat ou en district et qui décident de créer une communauté. Dans ce cas la communauté est substituée de plein droit aux groupements existants. En revanche, si la communauté ne regroupe qu'une partie des communes, un décret a fixé les conditions de dévolution des compétences. En matière financière la loi apporte des innovations intéressantes qui seront analysées dans le dernier chapitre.

2° Les communautés de villes

La loi du 6 février 1992 propose une formule de coopération adaptée à l'espace urbain en créant les communautés de villes pour les agglomérations de plus de 20 000 habitants. Aux termes de la loi, la communauté de villes a pour objet d'associer des communes au sein d'un périmètre de solidarité urbaine en vue du développement concerté de l'agglomération. Mais le législateur laisse aux communes toute liberté pour choisir leur mode de coopération. Les communautés de villes représentent une forme de groupement beaucoup plus intégrative que celle des communautés de communes, tant en raison de la définition plus précise des compétences que du régime fiscal qui voit la communauté se substituer aux communes membres pour la perception de la taxe professionnelle. Cela explique sans doute leur nombre très faible et la préférence des communes urbaines pour les communautés de communes.

Les conditions de création des communautés de villes sont identiques à celles des communautés de communes, à l'exception de l'accord nécessaire de la commune dont la population dépasse la moitié de la population totale. De plus, elle est créée sans limitation de durée. Elle est adminis-

trée par un conseil composé de délégués des communes membres. A défaut d'accord amiable entre les conseils municipaux, la répartition des sièges obéit à des règles très proches de celles des communautés urbaines : application du critère démographique, représentation proportionnelle à la plus forte moyenne, un siège au moins pour chaque commune et aucune commune ne doit disposer de plus de la moitié des sièges. La désignation des délégués se fait au scrutin uninominal à deux tours s'il n'y a qu'un délégué et, dans le cas contraire, au scrutin de liste majoritaire. Les autres organes sont le président et le bureau et leurs attributions sont identiques à celles des autres formes de groupement.
La définition des compétences que les communautés de villes exercent de plein droit est très proche de celle retenue pour les communautés de communes. Cependant, afin de renforcer la réalisation d'un véritable projet d'agglomération, la loi est beaucoup plus précise et laisse donc moins de liberté aux communes. La communauté de villes prend en charge obligatoirement les compétences relevant de l'aménagement de l'espace et de l'intervention économique. Le premier groupe comprend les actions suivantes : schéma directeur, charte intercommunale de développement et d'aménagement, élaboration des programmes locaux de l'habitat, création et réalisation de ZAC. Dans le deuxième groupe les missions transférées concernent les actions de développement économique, la création et l'équipement des zones d'activité industrielle, tertiaire, artisanale, touristique, portuaire ou aéroportuaire. La communauté doit en outre exercer les compétences relevant d'un des quatre groupes suivants : protection et mise en valeur de l'environnement, politique du cadre de vie, lutte contre la pollution des eaux et de l'air, lutte contre le bruit, assainissement, collecte, traitement et élimination des déchets; politique du logement et actions de réhabilitation; création, aménagement et entretien de la voirie, plans de déplacements urbains et transports urbains; construction, entretien et fonctionnement d'équipe-

ments culturels et sportifs et d'équipements relevant de l'enseignement préélémentaire et élémentaire, action et animation culturelle. La décision institutive fixe les compétences de la communauté de ville dans les mêmes conditions que pour les communautés de communes.

La communauté de villes est substituée de plein droit aux syndicats ou aux districts préexistants dont le périmètre est identique au sien. Les conséquences patrimoniales liées au transfert de compétences, les modifications ultérieures et la dissolution sont soumises au même régime juridique que celui des communautés urbaines. Le droit de retrait des communes membres n'est pas prévu.

La coopération intercommunale est l'objet de nombreux débats et une rationalisation des modalités de groupements est annoncée.

SECTION III
LA COOPÉRATION ENTRE COLLECTIVITÉS TERRITORIALES

La coopération entre les collectivités territoriales ne se limite pas aux groupements de communes décrits précédemment. Il existe d'autres modes de collaboration entre les collectivités territoriales. On assiste également à une évolution importante dans le domaine de la coopération entre entités françaises et étrangères, dénommée coopération décentralisée.

§ 1 – LA COOPÉRATION ENTRE LES COLLECTIVITÉS TERRITORIALES FRANÇAISES

Il existe une forme traditionnelle de coopération entre collectivités territoriales de niveau différent avec les syndicats mixtes. En outre, la loi du 6 février 1992 prend également en compte le développement de la coopération entre les régions et les départements et comble ainsi le vide juridique en la matière.

A. *Syndicats mixtes*

Il existe deux catégories de syndicats mixtes. Les premiers regroupent exclusivement des communes, des syndicats de communes et des districts et sont soumis au régime juridique applicable aux syndicats de communes. Les seconds peuvent associer des personnes juridiques de nature différente et sont régis par des règles spécifiques.

Ces syndicats mixtes peuvent regrouper des institutions d'utilité commune interrégionales, des régions, des ententes ou des institutions interdépartementales, des départements, des établissements de coopération intercommunale, des chambres de commerce et d'industrie, d'agriculture, de métiers et d'autres établissements publics. Cependant, le syndicat mixte doit comprendre au moins une collectivité territoriale ou un groupement. L'objet pour lequel les différentes personnes juridiques veulent se regrouper est défini très largement : il s'agit d'œuvres ou de services présentant une utilité pour chacune de ces personnes. De plus, les communes, les départements, les chambres de commerce et d'industrie peuvent se grouper pour assurer l'exploitation de services publics présentant un intérêt commun. Le syndicat est créé par arrêté préfectoral. La dissolution de plein droit intervient soit à l'expiration de la durée pour laquelle il a été institué, soit à la fin de la mission dont il était chargé. Il peut également être dissous soit d'office, soit à la demande des membres qui le composent.

B. *Coopération interrégionale*

La loi de 1992 réglemente pour la première fois l'association entre régions limitrophes sous la forme d'une entente interrégionale qui est qualifiée d'établissement public. La structure est créée par décret en Conseil d'Etat après l'adoption de délibérations concordantes des conseils régionaux concernés et après avis des conseils économiques et sociaux régionaux. Une région peut adhérer à plusieurs ententes. Dans cette hypothèse, la région détermine par voie de conventions les compétences exercées au niveau de chacune de ces ententes. Toutefois, une même compétence, sur une même partie du territoire, ne peut être déléguée qu'à une seule entente.

L'organisation interne de l'entente interrégionale est très proche de celle des régions. Le conseil, organe délibérant, est composé de délégués des conseils régionaux élus au scrutin proportionnel à la plus forte moyenne. Le nombre des délégués et la répartition des sièges entre les régions sont fixés par la décision institutive. La commission permanente, émanation du conseil, élue au scrutin proportionnel à la plus forte moyenne, peut recevoir délégation de l'organe délibérant, à l'exception des attributions budgétaires et comptables. Les conseils économiques et sociaux des régions membres de l'entente ont un rôle consultatif et interviennent à l'initiative du président de l'entente. L'organe exécutif est confié au président.

Les compétences exercées par l'entente aux lieu et place des régions sont fixées par la décision institutive. L'entente assure la cohérence des programmes des régions membres et, à ce titre, elle peut conclure avec l'Etat des contrats de plan aux lieu et place des régions qui la composent, dans la limite des compétences qui lui ont été transférées.

La loi prévoit que la décision instituant l'entente peut être modifiée par décret en Conseil d'Etat sur proposition du conseil de l'entente et après délibérations concordantes des conseils régionaux des régions membres. La loi reconnaît également l'exercice du droit de retrait des régions membres, après décision du conseil prise à l'unanimité et précise les conditions de la dissolution.

C. *Coopération interdépartementale*

Il existe diverses modalités de coopération entre les départements. Ainsi, les conseils généraux peuvent réaliser une entente sur des objets d'utilité départementale, ils peuvent passer des conventions pour l'entreprise ou la gestion commune d'ouvrages ou d'institutions d'utilité commune. La loi de 1992 précise que les départements, même non limitrophes, ont la possibilité de coopérer en constituant des institutions ou organismes interdépartementaux. Ils peuvent décider d'associer des conseils régionaux ou municipaux. Contrairement à la coopération interrégionale, cette forme de coopération ne conduit pas à la création d'un nouvel établissement public territorial, mais seulement à la reconnaissance de la personnalité civile et de l'autonomie financière. Les règles d'administration de ces organismes sont celles des départements.

§ 2 – LA COOPÉRATION ENTRE ENTITÉS FRANÇAISES ET ÉTRANGÈRES

Avant l'adoption de la loi du 6 février 1992, les relations entre les collectivités territoriales françaises et leurs partenaires étrangers relevaient d'un régime juridique très imprécis et ne concernaient que la seule coopération transfrontalière. Les relations extérieures étaient traditionnellement de la seule compétence de l'Etat. Mais le mouvement de décentralisation a conduit les collectivités à développer leurs relations avec l'étranger, bien au-delà des jumelages. Une telle pratique exige l'intervention du droit. C'est la convention de Madrid, signée la 21 mai 1980, et acceptée par la France avec des réserves en juin 1984, qui détermine pour la première fois les règles dans le domaine de la coopération transfrontalière des collectivités ou autorités territoriales. L'article 65 de la loi du 2 mars 1982 reconnaît aux régions le droit d'organiser des contacts réguliers avec des collectivités décentralisées étrangères, mais dans des limites très strictes.

Les régions doivent obtenir l'autorisation du gouvernement et l'organisation de telles relations ne vise que les régions frontalières. Face à l'insuffisance du droit positif, et pour encadrer le développement d'une pratique de coopération de plus en plus importante, le gouvernement procède par voie de circulaires. L'insuffisance du droit positif devient de plus en plus patente et la nécessité de définir avec précision le régime juridique des relations extérieures des collectivités territoriales est clairement exprimée à la fin des années 80.

C'est sous l'expression de *coopération décentralisée* que la loi du 6 février 1992 va définir les solutions juridiques nouvelles dans le domaine des relations extérieures des collectivités territoriales. Le texte de 1992 reconnaît aux collectivités territoriales françaises la possibilité de contracter avec des autorités locales étrangères et détermine des modalités originales de coopération.

A. *La reconnaissance de la coopération décentralisée*

Le monopole de l'Etat en matière internationale avait rendu impossible l'existence d'une action extérieure des collectivités territoriales. En 1992, il est admis que la coopération décentralisée constitue un mode d'exercice des compétences locales compatible avec les compétences étatiques. L'article 131-1 de la loi du 6 février 1992 précise que « les collectivités territoriales et leurs groupements peuvent conclure des conventions avec des collectivités territoriales étrangères et leurs groupements, dans les limites de leurs compétences et dans le respect des engagements internationaux de la France ». Pour la première fois, la législation française reconnaît à l'ensemble des collectivités et à leurs groupements le droit de contracter avec leurs partenaires étrangers. Les conventions de coopération décentralisée sont soumises au droit commun du contrôle de légalité.

Si ce mouvement s'inscrit dans l'évolution de la construction européenne, il est apparu nécessaire d'encadrer plus précisément l'action extérieure des collectivités territoriales en posant le principe qu'elles ne peuvent pas conclure de conventions avec des Etats étrangers. La loi du 4 février 1995 met ainsi un terme à un débat difficile.

B. *Les modalités de la coopération décentralisée*

Avant l'adoption de la loi du 6 février 1992, il n'existait aucun instrument juridique spécifique pour la mise en œuvre de la coopération décentralisée. Les collectivités utilisaient la solution de la conférence ou celle de l'association, formules peu adaptées au domaine des relations extérieures. Le texte de 1992 propose des solutions nouvelles, tandis que la loi de 1995 relative à l'aménagement du territoire généralise certains modes de coopération.

1° Les solutions de la loi du 6 février 1992

Le texte de 1992 prévoit que les collectivités territoriales étrangères peuvent participer à une société d'économie mixte locale ou à un groupement d'intérêt public. Pour les sociétés d'économie mixte, la législation précise que « sous réserve de la conclusion d'un accord préalable entre les Etats concernés, des collectivités territoriales étrangères peuvent participer au capital de sociétés d'économie mixte locales dont l'objet est d'exploiter des services d'intérêt commun ». Il doit exister une réciprocité au profit des collectivités territoriales françaises. La participation de collectivités étrangères n'a pas pour conséquence de modifier les règles de majorité au profit des collectivités françaises.

Par ailleurs, la loi prévoit que les collectivités locales appartenant à des Etats membres de la Communauté européenne peuvent participer à certains groupements d'intérêt public. Les groupements visés sont ceux dont les activités contribuent à l'élaboration et à la mise en œuvre de politiques concertées de développement social urbain ou à la gestion commune d'actions liées aux programmes de coopération interrégionale et transfrontalière.

2° Les solutions de la loi du 4 février 1995

La loi de 1995 permet aux collectivités territoriales et à leurs groupements d'*adhérer à un organisme public de droit étranger ou de participer au capital d'une personne morale de droit étranger*. Cette disposition élargit considérablement les moyens de coopération des collectivités, qui peuvent désormais participer à des organismes publics et privés étrangers. Pour mettre en œuvre un tel procédé, une convention doit être signée avec l'ensemble des collectivités territoriales étrangères concernées. Celle-ci doit prévoir la durée, les conditions, les modalités financières et le contrôle de l'adhésion ou de la participation de la collectivité.

Mais le texte pose des limites précises à cette forme d'action. D'une part, les collectivités et leurs groupements ne peuvent agir que dans les limites de leurs compétences et dans le respect des engagements internationaux de l'Etat. La convention est soumise au contrôle de légalité de droit commun. D'autre part, la loi soumet les nouvelles modalités de coopération à des conditions strictes. Elles ne peuvent concerner que la coopération transfrontalière. La participation des collectivités françaises ou de leurs groupements au capital d'une personne morale étrangère ne peut être supérieure à 50%. L'objet exclusif de l'organisme est soit l'exploitation d'un service public, soit la réalisation d'un équipement local intéressant toutes les personnes publiques participantes. De plus, l'adhésion ou la participation à une personne de droit étranger doit être autorisée par décret en Conseil d'Etat. La loi instaure donc une autorisation *a priori* qui permet au gouvernement de contrôler étroitement la coopération transfrontalière. Enfin, le texte de 1995 prévoit que les comptes et les rapports d'activités des personnes publiques ou privées étrangères sont annexés chaque année au budget des collectivités territoriales. La loi du 6 février 1992 complète ce dispositif en créant la commission nationale de la coopération décentralisée.

CHAPITRE IV

L'action des collectivités territoriales

Le mouvement de réforme de la décentralisation a modifié la nature de l'action des collectivités territoriales et les modalités de répartition des compétences entre l'Etat et les autorités locales. Annoncé par l'article 1er de la loi du 2 mars 1982, le transfert des compétences de l'Etat aux collectivités territoriales a été réalisé par les lois du 7 janvier et du 22 juillet 1983, complétées et modifiées par de nombreux textes. Cette législation constitue une rupture partielle avec la logique antérieure fondée sur la notion d'affaires locales et conduit à rationaliser et à clarifier la répartition des responsabilités entre les différents niveaux d'intervention. Mais les lois ne conduisent pas à une répartition de l'action par blocs de compétences. La plupart des politiques relève de l'action croisée de l'Etat et des pouvoirs locaux.

Outre la redéfinition de l'action des autorités locales, le législateur intervient pour préciser les conditions de mise en œuvre des compétences, notamment dans les domaines de la gestion des services publics et de la passation des marchés publics.

SECTION I
LA REDÉFINITION DES COMPÉTENCES DES COLLECTIVITÉS TERRITORIALES

Les réformes de 1983 ont profondément modifié la conception traditionnelle de l'action des collectivités territoriales.

Avant 1982, le champ d'intervention des départements et des communes ne résulte d'aucune énumération précise, sauf textes particuliers, mais d'une clause générale de compétences. Les lois précisent seulement que le conseil général statue sur tous les objets d'intérêt départemental et que le conseil municipal règle par ses délibérations les affaires de la commune. C'est sur ce fondement que les collectivités ont développé leurs actions et qu'elles sont habilitées à intervenir dans toutes les affaires d'intérêt local, sans autorisation législative préalable. L'intervention des autorités locales est limitée par le rôle de l'Etat et par le principe de la liberté du commerce et de l'industrie, sous le contrôle étroit du juge. Enfin, beaucoup d'interventions locales sont liées à celles de l'Etat ou à son pouvoir d'expertise et de réglementation. Les régions font exception. En qualité d'établissement public, la région dispose de compétences limitativement énumérées par la loi.

Le mouvement de décentralisation de 1982 va favoriser une réflexion sur les conditions de répartition des compétences entre l'Etat et les collectivités territoriales et entre les autorités locales. Les lois de 1983 contiennent tout d'abord un ensemble de principes. Elles prescrivent également le transfert de certaines compétences de l'Etat vers les collectivités territoriales et définissent les principaux domaines d'action des différents niveaux territoriaux. Cependant, beaucoup d'attributions résultent de l'intervention d'une pluralité d'acteurs et cela aboutit à un partage des compétences.

§ 1 – DE NOUVEAUX PRINCIPES

L'article 1er de la loi du 7 janvier 1983 affirme que les communes, les départements et les régions règlent par leurs délibérations les affaires de leurs compétences. Cette disposition suppose l'autonomie de gestion de chaque niveau territorial. Aussi, la législation s'efforce de préciser les conditions d'exercice de cette liberté, en supprimant les financements croisés et le système des subventions spécifiques en matière d'équipements. Les textes définissent des blocs de compétences, mais cet objectif ne sera réalisé que très partiellement.

Les lois affirment également une coresponsabilité entre l'Etat et les collectivités territoriales dans la mise en œuvre de différentes politiques. Ainsi, l'article 1er de la loi du 7 janvier 1983 souligne que «les collectivités territoriales concourent avec l'Etat à l'administration et à l'aménagement du territoire, au développement économique, social, sanitaire, culturel et scientifique, ainsi qu'à la protection et à l'amélioration du cadre de vie». Cette conception de la co-administration sera largement explicitée dans la loi du 6 février 1992.

La législation de 1983 a peu de conséquences sur la redistribution des domaines d'action entre les différents niveaux d'intervention, mais elle met un terme aux confusions de responsabilités et aux financements croisés dans plusieurs secteurs d'activité tels que l'action sanitaire et sociale, l'enseignement, la formation professionnelle et les transports. Elle précise en outre les conditions de mise en place d'une co-responsabilité dans les domaines tels que la planification, l'aménagement du territoire ou le développement économique. Enfin, elle édicte le principe suivant lequel il ne peut exister de tutelle d'une collectivité locale sur une autre.

§ 2 – Les domaines de l'action locale

La réforme de la décentralisation a conduit à clarifier certains domaines d'action des échelons territoriaux tels que le secteur sanitaire et social, l'enseignement et les transports.

A. *Le secteur sanitaire et social*

La loi de 1983 a clarifié la répartition des responsabilités dans ce secteur qui, auparavant, était très complexe. Le système national de protection sociale est conservé. Ainsi, la plus grande partie des prestations sociales relève des organismes de sécurité sociale qui sont totalement indépendants des collectivités territoriales. De même, le service public hospitalier, largement financé par la sécurité sociale, est contrôlé par l'Etat, alors que les établissements publics hospitaliers sont des établissements publics locaux dont le conseil d'administration est généralement présidé par le maire.

La décentralisation dans ce domaine est donc limitée. Mais le législateur a clarifié les compétences au profit du département. Il exerce désormais une compétence de droit commun pour toutes les *prestations légales d'aide sociale*: aide sociale à l'enfance, aide aux familles, aux personnes âgées, aux personnes handicapées et aide médicale hospitalière et à domicile. Toutefois, certaines prestations, limitativement énumérées, relèvent de la compétence de l'Etat.

La collectivité départementale exerce ses compétences de manière autonome sans dépendre du financement de l'Etat. En effet, elle bénéficie du transfert de ressources fiscales et de la dotation générale de décentralisation. Mais la législation maintient la contribution des communes qui, par l'intermédiaire des centres communaux d'action sociale, occupent une place importante dans le secteur social. Les communes participent également à la lutte contre la pauvreté en menant des actions de soutien aux populations les plus défavorisées en collaboration avec l'Etat et les départements. Cependant, la marge d'action des départements est limitée par le fait que ces prestations ont un caractère obligatoire et font l'objet de réglementations nationales très précises. Le règlement départemental ne peut prévoir que des conditions plus favorables d'attribution des prestations.

Dans le domaine de la santé, le département a la responsabilité d'un certain nombre d'actions et des services correspondants. Il intervient essentiellement en matière de protection maternelle et infantile et pour les dispensaires de lutte contre les fléaux sociaux. L'Etat conserve ses compétences pour les maladies mentales et pour l'alcoolisme. Le département assure la responsabilité d'un grand nombre d'établissements et de services sociaux ou médico-sociaux.

Malgré l'effort de clarification, les compétences sont souvent imbriquées et certaines politiques récentes traduisent nettement cette situation : tel est le cas pour le revenu minimum d'insertion (RMI) instauré par la loi du 1er décembre 1988, prestation destinée à venir en aide aux personnes sans ressources. Alors que l'Etat finance les allocations destinées à assurer un revenu minimum, le département est chargé de développer les actions d'insertion. Le préfet et le président du conseil général dirigent conjointement la mise en œuvre de cette politique.

B. *L'enseignement*

L'enseignement est un service public qui relève traditionnellement de l'intervention exclusive de l'Etat. La politique de décentralisation conduit à confier aux collectivités territoriales la construction, l'entretien et le fonctionnement des bâtiments. Dans ce domaine, la répartition des compétences est déterminée en fonction des degrés d'enseignement : les communes se voient confier les écoles, les départements agissent au niveau des collèges, tandis que les régions interviennent au niveau des lycées et des établissements d'éducation spécialisée. Ce mode de répartition est parfois mal adapté aux impératifs de planification des équipements et aux exigences de cohérence de la politique de construction scolaire. Les collectivités territoriales peuvent organiser, avec l'accord des autorités scolaires, des activités éducatives, sportives et culturelles complémentaires, mais il est clair que la compétence pédagogique est aux mains de l'Etat. Bien que l'enseignement supérieur ne relève pas des missions des autorités locales, celles-ci développent des actions dans ce secteur, notamment en accordant des subventions aux universités, et elles ont en particulier contribué pour une large part au plan dit «Université 2000» (1992-1995). La collectivité régionale reçoit une compétence de droit commun dans le domaine de la formation professionnelle continue et de l'apprentissage, l'Etat ne conservant que des attributions limitativement énumérées par les textes. En réalité, la contribution financière de l'Etat dans ce domaine reste très importante et il contrôle étroitement cette politique.

C. *L'urbanisme*

La loi du 7 janvier 1983 réorganise la répartition des compétences dans le domaine de l'urbanisme en se référant au principe de coresponsabilité. De nombreux textes sont venus compléter les dispositions législatives. Avant 1983, l'Etat exerçait l'essentiel de cette compétence tant au niveau de l'urbanisme opérationnel que des autorisations individuelles, mais les autorités communales étaient largement associées. Désormais, les communes exercent seules cette action et sont donc responsables des prévisions d'aménagement et d'utilisation de l'espace. Les schémas directeurs qui fixent les orientations fondamentales de l'aménagement du territoire et déterminent la destination générale des sols sont élaborés à l'initiative des communes, en principe au niveau intercommunal. Les plans d'occupation des sols fixent, dans le cadre des orientations du schéma directeur lorsqu'il existe, les règles d'utilisation des sols et les servitudes qui s'appliquent aux propriétaires et aux utilisateurs des sols. Il appartient aux communes d'élaborer ces documents qui sont opposables aux tiers. Dans les communes pourvues d'un POS approuvé, le maire est compétent pour délivrer, au nom de la commune et en vertu de ses pouvoirs propres, les autorisations individuelles et en particulier le permis de construire. La loi de 1985 sur l'aménagement urbain a élargi les responsabilités des communes dans les opérations d'aménagement urbain.

L'Etat conserve des prérogatives en matière de protection des monuments historiques et des sites. De plus, les zones sensibles telles que la montagne ou le littoral font l'objet de mesures législatives et réglementaires très contraignantes. La nouvelle législation en matière de prévention des risques naturels renforce les prérogatives de l'Etat (loi du 2 février 1995 relative au *renforcement de la protection de l'environnement*). Pour l'exercice de leur mission, les communes peuvent faire appel, si elles le souhaitent, aux services de l'Etat et notamment aux directions départementales de l'équipement (subdivisions territoriales) qui sont mis gratuitement à leur disposition.

D. *Les transports*

La loi d'orientation du 30 décembre 1982 relative aux transports intérieurs et la loi de répartition des compétences du 22 juillet 1983 précisent les missions de l'Etat et celles des collectivités territoriales dans ce domaine. L'évolution la plus significative concerne le rôle de la région qui est chargée d'établir le plan régional des services réguliers de transports routiers de personnes ; elle est le principal interlocuteur de la SNCF et participe ainsi à la politique des transports ferroviaires. Les départements sont chargés de l'organisation des services réguliers et des services à la demande, de transports routiers non urbains, selon un plan départemental établi par le conseil général, après avis des communes. De plus, ils sont compétents pour l'organisation et le fonctionnement des transports scolaires. Les communes interviennent en matière de transports de personnes et à l'intérieur d'un *périmètre de transports urbains*, elles établissent le plan de déplacement urbain et assurent l'organisation des transports publics.

La loi du 22 juillet 1983 a décentralisé les compétences en matière de ports fluviaux, de voies navigables et de ports maritimes. Les régions détiennent de nouvelles compétences telles que la création des canaux et ports fluviaux, mais les deux ports les plus importants que sont Paris et Strasbourg restent sous le contrôle de l'Etat. Les départements se voient confier la création, l'aménagement et l'exploitation des ports maritimes de commerce et de pêche, mais l'Etat reste compétent pour les ports les plus importants. Les ports de plaisance relèvent des communes. Dans ces différents domaines, l'Etat exerce les pouvoirs de police et assure le respect du schéma de mise en valeur de la mer.

§ 3 – LES COMPÉTENCES PARTAGÉES

Si les lois de décentralisation ont permis de clarifier les responsabilités entre l'Etat et les collectivités locales, elles n'ont pas eu pour objectif de rompre avec le rôle prépondérant de l'Etat dans les domaines d'action qui sont considérés comme relevant de l'intérêt national et de la solidarité. Quatre domaines principaux font l'objet d'un partage de compétence entre l'Etat et les collectivités territoriales : l'action économique, l'urbanisme et le logement, la planification et l'aménagement du territoire et la culture.

A. *L'action économique*

L'intervention publique en matière économique et plus particulièrement l'action en direction des entreprises a fait l'objet de dispositions spécifiques dans la loi du 2 mars 1982, plusieurs fois modifiée. Les textes précisent que la conduite de la politique économique et sociale et la défense de l'emploi sont de la responsabilité de l'Etat. Les collectivités territoriales participent à cette action, mais leur intervention est encadrée. Elle est soumise au respect des principes de liberté du commerce et de l'industrie, d'égalité des citoyens devant la loi et des dispositions du plan national et des plans régionaux.

La région se voit reconnaître un rôle essentiel dans le domaine économique. Les aides des collectivités territoriales peuvent avoir deux objectifs : soit favoriser le développement économique, c'est-à-dire l'aide à la création d'emplois nouveaux, soit protéger les intérêts économiques et sociaux de la population, c'est-à-dire empêcher les licenciements et les fermetures d'entreprises. La région détient des moyens d'action plus importants que ceux des autres collectivités. Pour favoriser la création d'emplois nouveaux, elle peut accorder aux entreprises des primes, des prêts et des bonifications d'intérêts dans les conditions fixées par décret. Les départements et les communes ne peuvent accorder de telles aides qu'en complément de la région. De plus, seule la région a la possibilité de participer au capital de sociétés de développement régional ou d'instituts de participation. Les aides indirectes pour favoriser l'emploi peuvent être accordées par les collectivités locales, mais dans les conditions définies au niveau du gouvernement.

La loi de 1982 avait innové en matière d'aide aux entreprises en difficulté, lorsque la protection des intérêts économiques et sociaux des habitants est en cause. Mais face aux risques financiers liés à ce mode d'intervention, les collectivités ont exprimé des réticences et le législateur est intervenu pour limiter cette forme d'intervention.

B. *Les équipements d'infrastructures et le logement*

Les communes jouent un rôle important en matière d'équipements d'infrastructures pour répondre aux besoins des populations tant en milieu rural que dans les zones urbaines. L'intervention recouvre de multiples missions, en particulier en matière de voirie communale, de réseaux d'adduction d'eau, d'égouts, d'électricité, de gaz et d'éclairage public. Le département assure l'entretien de la voirie départementale et cette action absorbe une grande partie du budget. Il apporte un soutien important aux communes rurales sous la forme d'aide à l'équipement rural et au développement touristique. Dans le domaine du logement, les communes interviennent dans la construction des logements sociaux. L'Etat est compétent en matière de répartition des aides financières. Mais l'augmentation des populations défavorisées impose de nouvelles solutions. La loi sur le droit au logement de 1990 et la loi d'orientation pour la ville du 13 juillet 1990 mettent en œuvre des dispositifs pour lutter contre l'exclusion et imposent de nouvelles obligations aux communes.

C. *La planification et l'aménagement du territoire*

1° La planification

Le principe de co-responsabilité a de nombreuses conséquences en matière de planification. Les relations contractuelles entre l'Etat et les collectivités locales pour la poursuite d'objectifs communs caractérisent la mise en œuvre de la planification. La loi du 29 juillet 1982 portant réforme de la planification a modifié les procédures d'élaboration et d'exécution du plan national. Les régions sont largement associées à l'élaboration du plan et elles sont chargées de définir, en concertation avec les communes et les départements, le plan régional. Les communes peuvent adopter des *chartes intercommunales de développement et d'aménagement* qui pourront servir de base aux discussions avec la région. Ces documents définissent les perspectives à moyen terme du développement économique, social et culturel, ils déterminent les programmes d'action correspondants et précisent les conditions d'organisation et de fonctionnement des services publics. Les communes peuvent signer des conventions avec l'Etat, la région ou le département pour la réalisation de leurs projets.

Les objectifs définis par le plan national et par les plans régionaux sont mis en œuvre sous la forme de contrats de plan signés entre l'Etat et les régions. Ces documents comportent des engagements financiers précis de la part de chacun des partenaires. Les priorités retenues varient en fonction des plans et des zones géographiques. On retrouve le plus souvent des actions en faveur de la formation et de la recherche, du développement du tissu industriel régional, de l'agriculture, des politiques sociales et culturelles.

2° L'aménagement du territoire

La loi du 4 février 1995 relative à l'aménagement du territoire définit un ensemble d'orientations et d'instruments au service du *rééquilibrage* du territoire. Cette loi renouvelle les modalités de coopération entre l'Etat et les collectivités territoriales. Le gouvernement conserve la maîtrise du processus, à travers notamment l'élaboration du schéma national d'aménagement du territoire, soumis au Parlement. Le schéma national et les schémas sectoriels (enseignement supérieur et recherche, action culturelle, infrastructures de transports, télécommunications) sont développés au niveau régional par des schémas et des plans adoptés par les conférences régionales réunissant les représentants du conseil régional et des conseils généraux concernés.

La loi de 1995 a aussi pour objectif de réduire les écarts de ressources entre les collectivités riches et pauvres et cela impose la mise en place d'un système de péréquation des ressources. L'Etat devrait donc jouer un rôle accru dans la mise en œuvre de cette politique par l'intermédiaire du Fonds national d'aménagement du territoire.

A côté de cette action nationale, il convient de prendre en compte les politiques de développement régional décidées par l'Union européenne en faveur des régions défavorisées et notamment la Corse, les Dom, les zones en déclin industriel ou les zones rurales fragiles. L'Union européenne attribue des subventions par l'intermédiaire des Fonds structurels communautaires : Fonds européen pour le développement régional (Feder), Fonds social européen (FSE), Fonds européen d'orientation et de garantie agricole (Feoga). La région est le partenaire local principal de la

Commission et les opérations figurent généralement dans les contrats de plan. Ce processus favorise le développement des relations directes entre les instances communautaires et les régions dont plusieurs ont installé une représentation permanente à Bruxelles. La Commission a créé en 1988 un Conseil consultatif des collectivités régionales et locales devenu Comité des régions auprès du Conseil et de la Commission et dont le rôle est consultatif.

D. *La politique culturelle*

Dans le domaine culturel, les textes n'ont opéré aucune modification de compétences au profit des collectivités territoriales, à l'exception des bibliothèques centrales de prêt et des archives transférées au département. Si l'Etat conserve un rôle important, les collectivités interviennent largement dans le développement de la politique culturelle. Ainsi, environ 50 % des dépenses culturelles sont financés sur le budget communal. La culture est un domaine de large coopération entre les différents partenaires et beaucoup d'équipements sont cofinancés par l'Etat, les communes et les autres collectivités.
Enfin, les collectivités ont de multiples compétences de proximité. Une place particulière peut être faite à la police municipale qui relève des pouvoirs propres du maire. L'étude de la répartition des compétences entre l'Etat et les collectivités territoriales a permis de montrer que dans la plupart des domaines il existe un enchevêtrement des interventions. Cette situation est très fortement critiquée par les responsables politiques. La loi du 4 février 1995 relative à l'aménagement du territoire annonce l'adoption d'une loi portant révision des textes de 1983 dans le délai d'un an à compter de la publication de la loi. Serpent de mer ou objectif réaliste ? La question est d'autant plus délicate que la notion d'administration territoriale suppose un partenariat étroit entre les administrations d'Etat et les collectivités territoriales. Le développement de la contractualisation entre les différents partenaires est sans

doute une réponse plus adaptée que celle de la répartition homogène des compétences et plus conforme à la tradition administrative française.

SECTION II
LA MISE EN ŒUVRE DES COMPÉTENCES

Pour accomplir leurs missions, les collectivités territoriales et leurs groupements disposent de diverses modalités. Le droit opère une distinction entre la gestion des services publics et la passation des marchés publics. Le développement du droit communautaire, et les objectifs de transparence et de lutte contre la corruption ont conduit le législateur à réglementer tant la gestion des services publics que les marchés publics.

§ 1 – LA GESTION DES SERVICES PUBLICS

La réforme de la décentralisation a accru les responsabilités des collectivités locales et dans le même temps la diversité des modes de gestion. Face à l'évolution des pratiques, les cadres juridiques traditionnels sont apparus inadaptés et, sous l'influence du droit communautaire, une nouvelle législation a été adoptée pour réglementer la délégation de service public.

A. *Le choix des modes de gestion*

1° Les termes du choix

a) La gestion directe

C'est le mode classique de gestion des services publics administratifs. La collectivité assure directement, avec ses moyens propres, la gestion du service. Cette forme d'intervention a permis le développement de nombreuses activités d'intérêt général. Les collectivités peuvent utiliser le système de la régie dotée de la seule autonomie financière pour assurer une individualisation budgétaire de certaines activités. Mais l'application des règles de la comptabilité publique, celles du statut relatif à la fonction publique territoriale ou la nécessité de diversifier les sources de financement conduisent les collectivités territoriales à choisir d'autres modes de gestion.

b) La gestion personnalisée

Ce mode de gestion permet à la collectivité publique de doter un service public de la personnalité juridique. La gestion de l'activité est alors confiée à un établissement public et la collectivité de rattachement conserve un contrôle en raison des liens organiques et fonctionnels qui existent entre les deux personnes juridiques. Cette structure de gestion est soumise soit au droit public si l'activité est de nature administrative, soit au droit privé si l'activité est industrielle et commerciale.

Les communes et les départements disposent d'un instrument spécifique pour la gestion de leurs services publics industriels et commerciaux : la régie personnalisée. La régie personnalisée est un établissement public doté d'un conseil d'administration et d'un directeur. L'article 74 de la loi du 29 janvier 1993 relative *à la prévention de la corruption et à la transparence de la vie économique et des procédures publiques* étend ce mode de gestion aux activités administratives. Le décret d'application prévu par cette disposition n'ayant toujours pas été adopté, beaucoup d'incertitudes demeurent.

c) La gestion déléguée

La gestion déléguée autorise la collectivité locale à confier, par voie contractuelle, la gestion d'un service public à une autre personne publique ou privée. La convention définit les droits et les obligations de chacun des cocontractants. La concession et l'affermage constituaient les modes traditionnels de délégation, notamment pour les activités industrielles et commerciales. La réforme de la décentralisation a conduit les collectivités territoriales à diversifier leurs modalités de délégation. Elles utilisent largement le procédé associatif et l'association est alors étroitement contrôlée et largement financée par la collectivité. La formule de la société d'économie mixte est aussi répandue, pour les activités non seulement industrielles et commerciales, mais aussi administratives, conformément à la loi du 7 juillet 1983. Enfin, les collectivités peuvent donner délégation à des sociétés commerciales. La grande diversité de ce mode de gestion liée au renforcement de l'autonomie des collectivités locales, l'insuffisance des réponses juridiques traditionnelles, la multiplication des affaires de corruption vont conduire le législateur à intervenir par la loi du 29 janvier 1993 dite *loi anti-corruption*, modifiée plusieurs fois.

2° Les limites du choix

Les contraintes juridiques qui s'imposent aux collectivités territoriales en matière de gestion des activités résultent tout d'abord de la législation nationale sur les services publics et en particulier de la loi du 29 janvier 1993. De plus, seul le législateur peut créer de nouvelles catégories d'établissements publics. Par conséquent, dans les domaines de compétences où le législateur n'est pas intervenu, les autorités locales ne pourront pas utiliser ce mode de gestion. Enfin, certaines activités ne peuvent faire l'objet d'une gestion déléguée. Dans son avis du 7 octobre 1986 repris par la circulaire du ministre de l'Intérieur du 7 août 1987, le Conseil d'Etat rappelle que «certains services publics sont par nature ou par la volonté du législateur obligatoirement gérés par la collectivité locale elle-même». Il appartient en outre aux collectivités de respecter les principes applicables aux services publics tels que l'égalité, la continuité et l'adaptabilité. En dehors de ces obligations, la liberté des collectivités est très large.

B. *La délégation de service public*

1° La reconnaissance de la délégation

Le régime juridique des conventions de service public s'est diversifié et il déroge sur de nombreux aspects aux principes traditionnels applicables aux concessions et aux affermages. De plus, l'utilisation d'un mode de gestion privée est souvent un moyen pour la collectivité d'échapper à l'application du droit public. Dans cette dernière hypothèse, la collectivité met en place une structure dans laquelle elle est fortement représentée. Cette situation caractérise beaucoup d'associations et de sociétés d'économie mixte.

Face à cette évolution des modes de gestion, le législateur est intervenu pour définir un cadre légal plus précis. La loi de 1993 a été complétée par plusieurs textes et en particulier par la loi du 8 février 1995 relative *aux marchés publics et aux délégations de service public*. Pour la première fois, le législateur consacre la catégorie de délégation de service public. Cependant, la loi ne définit pas cette notion et il appartient au juge d'apporter les précisions nécessaires. En fait, la loi a pour but, conformément aux conclusions de la commission *Bouchery*, d'assurer une plus grande transparence dans la vie économique et les procédures publiques, tout en respectant le principe du libre choix du cocontractant par la collectivité.

2° La réglementation de la délégation

La loi de 1993 impose aux délégations de service public une procédure de publicité pour permettre la mise en concurrence des offres, qui sont ensuite librement négociées par l'autorité responsable. De plus, le législateur limite la durée des conventions de délégation de service public. Celle-ci est déterminée par la collectivité en fonction des prestations demandées au délégataire. Cependant, la convention de délégation tient compte, pour fixer la durée, de la nature et du montant de l'investissement à réaliser et, dans ce cas, elle ne peut dépasser la durée normale d'amortissement des installations. En outre, la convention de délégation ne peut être prolongée que pour des motifs d'intérêt général, dans la limite d'un an, ou dans le cas d'investissements matériels nécessaires et non prévus.

Afin que la collectivité puisse exercer son contrôle, la loi oblige le délégataire à produire chaque année à l'autorité délégante un rapport retraçant les comptes sur la totalité des opérations afférentes à l'exécution de la délégation de service public et une analyse de la qualité du service.

De plus, la collectivité doit transmettre au préfet les conventions de délégation de service public avec l'intégralité des pièces, dans un délai de quinze jours après la signature de la convention. La loi de 1993 a institué le régime du référé pré-contractuel. Le préfet peut également transmettre les conventions à la chambre régionale. Enfin, la loi du 6 février 1992, renforce le contrôle des usagers sur le fonctionnement des délégations de service public, en faisant obligation à la collectivité de présenter les comptes de délégation dans les comptes consolidés de la collectivité locale et en instituant une commission consultative pour chaque service public.

Sous l'influence du droit communautaire, la gestion déléguée a fait l'objet d'une importante réglementation. Cependant, le processus reste inachevé et beaucoup de dispositions de la loi de 1993 sont difficiles à appliquer aux délégations faites à des associations dites *fermées* ou à des sociétés d'économie mixte (*AJDA*, «Délégation de service public», 1996, n° 9).

§ 2 – LES MARCHÉS PUBLICS

A. *La définition des marchés publics*

Parmi les conventions signées par les collectivités publiques, les marchés publics sont depuis longtemps soumis à un régime particulier contenu dans le Code des marchés publics. Les règles de mise en concurrence et de publicité s'imposent. La distinction entre marché public et délégation de service public résulte principalement du mode de rémunération du cocontractant. Si le titulaire du contrat est rémunéré par un prix versé par l'administration contractante, c'est-à-dire sur la base d'une somme calculée en fonction des coûts des prestations fournies, la convention est un marché public. Ce marché peut être soit un marché d'entreprise de travaux publics si le cocontractant est chargé de l'exploitation d'un service public, soit un marché de travaux ou de fourniture, dans le cas contraire. Par contre, si le titulaire du contrat est rémunéré par la perception de redevances sur l'usager, il s'agit d'une convention de délégation de service public. Le droit des marchés publics fait l'objet depuis quelques années d'une nouvelle réglementation liée à la fois à l'application du droit communautaire et à la volonté de lutter contre la corruption.

B. *Le régime juridique des marchés publics*

La loi du 29 janvier 1993 plusieurs fois modifiée, à la suite du rapport de la commission *Bouchery*, a apporté de nouvelles réponses en matière de contrôle des marchés publics et d'application des règles communautaires. La loi étend tout d'abord à de nouveaux contrats les règles du code des marchés publics. L'extension concerne principalement les sociétés d'économie mixte pour les contrats de travaux, d'étude et de maîtrise d'œuvre qu'elles concluent pour l'exécution ou les besoins du service public, ainsi que les sociétés anonymes HLM et les SEM de construction ou de gestion de logements sociaux. Les exigences de transparence et les modalités de contrôle imposées aux délégations de service public s'appliquent également aux marchés publics.

Le renforcement des contrôles sur les modalités d'action des personnes publiques a érigé la transparence en règle fondamentale de l'action publique et a permis d'adapter la législation française aux règles du droit communautaire.

CHAPITRE V

La fonction publique territoriale

Le mouvement de réforme de la décentralisation impose une réforme du statut des personnels des collectivités territoriales. En effet, la situation du personnel local est inadaptée au développement des responsabilités des autorités locales. Jusqu'en 1981, les agents des collectivités territoriales sont soumis à un régime juridique diversifié et se trouvent dans une situation à la fois inégalitaire et marginale vis-à-vis de la fonction publique d'Etat. Par conséquent, l'élaboration d'un véritable statut constitue un élément décisif de la modernisation du pouvoir décentralisé. Mais la définition de nouveaux principes se heurte à des logiques contradictoires qui rendent l'adoption des textes difficile. Du fait de ces incertitudes, le statut adopté en 1984 sera modifié de nombreuses fois. Avant de présenter le statut de la fonction publique territoriale et son organisation actuelle, il est nécessaire d'analyser la situation des agents locaux avant la réforme.

SECTION I
LA SITUATION DES AGENTS LOCAUX AVANT LA RÉFORME

Avant l'adoption du statut de la fonction publique territoriale de 1983-1984, le personnel local est soumis à un ensemble de règles disparates et peu protectrices, à la différence de la fonction publique d'Etat qui, depuis 1946, bénéficie d'un statut général. Tandis que les départements et les régions n'ont pas de services propres, les agents communaux sont dans une situation précaire.

§ 1 – La supériorité de la fonction publique d'État

Depuis la Libération, les agents de l'Etat bénéficient d'un statut général (loi du 26 octobre 1946). Le régime de la carrière et la distinction du grade et de l'emploi protègent le fonctionnaire. Mais ces garanties fondamentales s'appliquent aux seules personnes qui, «nommées dans un emploi permanent, ont été titularisées dans un grade de la hiérarchie des administrations centrales de l'Etat et des services extérieurs en dépendant ou des établissements publics de l'Etat».

En outre, les agents de l'Etat bénéficient d'une meilleure qualification que celle des agents locaux. Au début des années 80, près de 60% des agents titulaires de l'Etat appartiennent aux catégories A et B qui sont accessibles par concours nécessitant respectivement un diplôme de l'enseignement supérieur et le baccalauréat. En excluant l'Education nationale, ce pourcentage atteint 38%. Au sein des collectivités territoriales, les bacheliers et les diplômés de l'enseignement supérieur représentent à peine 8% de l'effectif. Une telle situation ne pouvait que favoriser la suprématie du pouvoir d'expertise des instances étatiques.

Enfin, la proportion d'agents non titulaires est beaucoup plus importante au niveau local qu'au sein des administrations d'Etat. Elle atteint environ un cinquième dans la fonction publique d'Etat, près d'un tiers dans les communes et la moitié dans les départements. Plusieurs facteurs expliquent une telle situation : la conception française de la décentralisation, la nature des relations entre l'Etat et les collectivités territoriales, l'attitude d'une majorité d'élus n'ont pas favorisé l'émergence d'une véritable fonction publique territoriale. Seules les communes possèdent des services et un personnel spécifique soumis à un statut législatif imparfait.

§ 2 – L'absence de services propres dans les départements et dans les régions

A. *La situation au niveau départemental*

Le département ne possède pas de services propres. En effet, le personnel départemental est mis à la disposition de la préfecture et des services extérieurs qui assurent la mise en œuvre des compétences du département.

En outre, les textes qui régissent la situation du personnel sont peu protecteurs. Si la loi du 10 août 1871 confie au conseil général de multiples prérogatives en matière de personnel (recrutement, rémunération, retraites), ainsi qu'au pouvoir exécutif (nomination et carrière), on assiste, après la seconde guerre mondiale, à l'étatisation des agents départementaux. Mais cette solution a moins pour effet de doter le personnel d'un véritable système de carrière que de donner à l'Etat les moyens de contrôler la politique du département en matière de personnel. Cependant, en raison de l'insuffisance des effectifs, le personnel départemental se développe. C'est une circulaire non publiée du ministère de l'Intérieur du 1er août 1964 qui définit un cadre général et sert de règlement type aux propositions du préfet.

Jusqu'en 1982, les agents départementaux sont formellement soumis à un statut local. Juridiquement, le règlement général ou les règlements particuliers sont établis sous la forme d'arrêtés préfectoraux après délibération du conseil général. En fait, l'assemblée reprend le statut défini par la circulaire de 1964. Cette situation traduit un contrôle étroit de l'Etat sur les autorités locales. Ce personnel a peu de garanties : recrutement largement discrétionnaire, personnels de stricte exécution (9/10), système de l'emploi, importance des non-titulaires (50 %). Les emplois supérieurs sont réservés aux fonctionnaires de l'Etat.

B. *La situation dans les régions*

La loi du 5 juillet 1972 fait interdiction au conseil régional de rémunérer du personnel et lui fait obligation de faire appel aux services extérieurs de l'Etat pour mener à bien ses actions. L'échelon régional est avant tout conçu comme un relais pour l'application de la politique de l'Etat dans les domaines de la planification, de l'aménagement du territoire et de l'économie. Les seuls agents rémunérés sur le budget régional sont ceux qui sont affectés au secrétariat des assemblées et à l'entretien des immeubles. En dépit de l'interdiction légale, les régions se dotent de moyens administratifs assez importants en utilisant notamment les contrats de prestation de services et d'assistance technique. Malgré la constitution de cette administration parallèle, la région ne dispose pas de véritables services régionaux cohérents et structurés.

§ 3 – LA PRÉCARITÉ DU PERSONNEL COMMUNAL

Si les communes disposent d'un personnel relativement important, celui-ci est régi par un statut peu protecteur et il est sous-qualifié. De plus, les agents communaux sont soumis à un contrôle étroit du pouvoir central.

A. *La faiblesse des garanties statutaires*

Depuis le XIXe siècle, les agents communaux ont la qualité d'agents publics, mais ils ne bénéficient pas d'un véritable statut. L'Etat contrôle étroitement la politique du personnel conduite par les autorités locales. La loi du 28 avril 1952 soumet les agents des communes à un statut unique et leur apporte certaines garanties. Cependant, le personnel communal est dans une situation d'infériorité vis-à-vis des agents de l'Etat. C'est le système de l'emploi et non celui de la carrière qui s'impose. La réforme du 13 juillet 1972 relative à la formation et à la carrière du personnel communal confirme le refus du législateur d'accorder au personnel communal la qualité de fonctionnaire.

Les conséquences de cette législation sont multiples : importance du recrutement discrétionnaire (recrutement direct, sur titre), système de la liste d'aptitude qui permet de concilier le principe du recrutement par concours et la liberté du recrutement pour les élus, importance des agents non titulaires. Le système de l'emploi et l'atomisation des autorités locales rendent difficile l'application concrète des droits reconnus aux agents et contribuent à isoler les agents les uns des autres. L'établissement de syndicats départementaux pour la gestion du personnel rencontre de fortes résistances. Ce personnel, qui regroupe en 1983 environ 800 000 agents est en très grande majorité un personnel d'exécution et il est sous-qualifié. Il faut attendre 1978 pour que les communes de plus de 10 000 habitants disposent d'emplois d'attaché et d'attaché principal.

B. *Le contrôle du pouvoir central*

L'Etat encadre étroitement les décisions des collectivités et ne laisse aux communes qu'une marge très étroite de liberté. Les modalités de recrutement et les échelles de traitement sont fixées par arrêté du ministre de l'Intérieur. La liste indicative des emplois permanents, établie par arrêté ministériel, a acquis une force contraignante. Ce contrôle du pouvoir central sur la politique des communes en matière de personnel est vivement dénoncé dans le rapport *Vivre ensemble*. Pourtant, le rôle de l'Etat par l'intermédiaire de l'approbation préfectorale ne pourra empêcher les villes d'améliorer leur recrutement en ayant recours aux emplois spécifiques.

La réforme de la décentralisation mise en œuvre à partir de 1982 impose une réforme d'ensemble du statut du personnel des collectivités territoriales. L'exposé des motifs de la loi relative à la fonction publique territoriale souligne qu'« une décentralisation effective implique en effet que les collectivités locales disposent des moyens nécessaires à l'exercice de leurs nouveaux pouvoirs et de leurs nouvelles compétences ».

SECTION II
LA CRÉATION D'UNE FONCTION PUBLIQUE TERRITORIALE

La mise en œuvre de la réforme de la décentralisation impose une réforme d'ensemble des règles régissant le personnel des collectivités territoriales. La loi du 26 janvier 1984 *portant dispositions statutaires relatives à la fonction publique territoriale* va donner à l'ensemble des agents locaux (1 300 000 répartis entre 50 000 employeurs environ) un statut général fondé sur le système de la carrière. Mais ce texte est un objet de controverses qui expliquent les nombreuses réformes, (vingt-trois réformes en dix ans). Le personnel territorial est au centre d'intérêts contradictoires qui rendent difficile toute solution d'ensemble. Aujourd'hui, malgré les remises en question, le personnel des collectivités territoriales bénéficie d'un véritable statut. Avant d'analyser les principes de la réforme de 1984, il est utile de présenter son contexte.

§ 1 – LE CONTEXTE DE LA RÉFORME

L'affirmation du pouvoir décentralisé impose la mise en place d'administrations locales compétentes et une réforme du statut du personnel territorial s'impose. L'élaboration des textes est rendue difficile en raison des divergences entre les acteurs en présence. Cependant, la réforme est favorable au personnel puisqu'elle s'accompagne d'un large mouvement de titularisation.

A. *Les conditions d'élaboration des textes*

Le législateur opte pour une réforme d'ensemble du statut des personnels des collectivités territoriales susceptible d'assurer des garanties et un système de carrière comparables à ceux de la fonction publique de l'Etat. Elle s'applique à l'ensemble des personnels des communes, des départements et des régions. Cet objectif explique l'adoption de plusieurs textes. Le premier est la loi du 13 juillet 1983 *portant droits et obligations des fonctionnaires*, dont le champ d'application s'étend à tous les fonctionnaires civils des administrations d'Etat, des collectivités territoriales et de leurs établissements publics. Ce texte détermine l'ensemble des droits et des obligations communs à tous les fonctionnaires (titre I). Pour préserver la spécificité de la fonction publique territoriale et les revendications des élus, des textes particuliers sont adoptés. Ainsi, la loi du 11 janvier 1984 est applicable aux fonctionnaires de l'Etat (titre II), tandis que le statut des fonctionnaires territoriaux résulte de la loi du 26 janvier 1984 (titre III).

L'élaboration de la réforme met en présence trois catégories d'acteurs qui défendent des conceptions différentes : représentants du pouvoir central, élus locaux et représentants du personnel territorial. Si la question de la définition des obligations et des droits fondamentaux applicables à l'ensemble des fonctionnaires ne constitue pas un enjeu trop difficile à réaliser, celle de l'organisation de la carrière des agents est l'objet de logiques divergentes. Les débats qui traversent l'adoption de la loi du 26 janvier 1984 mettent en évidence l'importance des contradictions. Les élus, au nom du principe de libre administration, sont favorables à un statut qui reconnaisse leurs prérogatives en matière de recrutement et de gestion du personnel. Les syndicats sont plutôt partisans de l'élaboration d'un statut proche de celui de la fonction publique de l'Etat, afin d'obtenir toutes les garanties pour les agents territoriaux.

La loi a été préparée par le ministre de la Fonction publique et par le ministre de l'Intérieur et de la Décentralisation. Les organisations professionnelles négocient avec le premier, tandis que les élus traitent avec le deuxième. Lors des discussions parlementaires, et notamment au Sénat, les oppositions sont nombreuses et pour la majorité sénatoriale, le projet initial porte atteinte au principe de l'autonomie locale et risque de conduire à l'étatisation de la fonction publique territoriale.

Dans un premier temps, les principes reconnus en 1984 sont favorables aux partisans du rapprochement entre les deux fonctions publiques. Mais les réformes successives vont largement altérer ce processus (O. Schrameck, *La Fonction publique territoriale*).

B. *Le mouvement de titularisation*

En marge du statut, plusieurs dispositions de la loi du 26 janvier 1984 autorisent la titularisation des agents locaux en situation précaire. Les agents non titulaires qui occupent un emploi permanent ont vocation à être titularisés, sur leur demande, dans des emplois de même nature qui sont vacants ou qui seront créés par les organes délibérants. L'accès aux corps ou emplois de fonctionnaires résulte soit d'un examen professionnel, soit de l'inscription sur une liste d'aptitude établie en fonction de la valeur professionnelle des candidats, soit de ces deux modalités ou éventuellement de la procédure d'intégration directe dans des conditions restrictives.

§ 2 – LES PRINCIPES DE LA RÉFORME

La réforme du statut des agents des collectivités territoriales, malgré les débats contradictoires, conduit à la reconnaissance de droits et d'obligations communs à l'ensemble des fonctionnaires. La loi du 13 juillet 1983 portant droits et obligations des fonctionnaires s'applique à l'ensemble des agents de l'Etat, des communes, des départements, des régions et de leurs établissements publics. Ainsi, tous les fonctionnaires, quel que soit leur employeur, sont régis par un ensemble de droits et d'obligations communs, ils sont soumis au système de la carrière, organisés en corps et par la distinction du grade et de l'emploi. L'organisation en corps sera remise en cause par la réforme de 1987 qui introduit la notion de cadre d'emplois.

La réforme est fondée sur trois principes : l'unité de la fonction publique territoriale, la parité avec la fonction publique d'Etat et la spécificité des règles régissant le recrutement, la carrière, l'organisation et la formation des agents territoriaux.

A. *L'unité*

L'ensemble des agents des collectivités territoriales et de leurs établissements publics sont désormais soumis au même statut législatif et ont la qualité de fonctionnaires territoriaux. L'article 2 de la loi du 26 janvier 1984 précise que les dispositions de la présente loi s'appliquent «aux personnes qui, régies par le titre 1er du statut, ont été nommées dans un emploi permanent et titularisées dans un grade de la hiérarchie administrative des communes, des départements, des régions ou de leurs établissements publics, ainsi que des offices publics HLM et des caisses de crédit municipal». Les personnels de la commune et du département de Paris se trouvent dans une situation particulière fixée par l'article 118 de la loi de 1984 modifié, qui précise que leur statut peut déroger aux dispositions de la loi. Leur régime est proche de celui de la fonction publique d'Etat (décret du 24 mai 1994).

Ce principe d'unité rompt avec le cloisonnement antérieur. La création de corps communs à l'ensemble des agents met fin au particularisme des réglementations. L'unité est alors concrétisée par la création du Conseil supérieur de la fonction publique territoriale, organisme paritaire associant les représentants des élus et ceux des organisations syndicales représentatives. Cet organisme a un rôle de conseil, de proposition et d'étude, mais il sera modifié.

L'unité modifie également les conditions de gestion du personnel et se traduit par la création de centres de gestion qui se substituent aux collectivités territoriales pour des compétences précisément définies par la loi. Ces institutions, qualifiées d'établissements publics administratifs, sont composées exclusivement d'élus. On distingue le centre national, les centres régionaux et les centres départementaux. En raison de l'opposition des élus qui considèrent que cette organisation porte atteinte à leurs prérogatives, les réformes vont se succéder pour réduire les compétences de ces établissements. Déjà, lors de l'adoption du texte de 1984, une partie des élus considèrent que le rôle des centres de gestion est contraire au principe de libre administration, mais le Conseil constitutionnel a rejeté cet argument.

B. ***La parité***

La logique qui s'est imposée lors de la définition du statut de la fonction publique territoriale justifie l'application du principe de parité entre les deux fonctions publiques. Cette règle, qualifiée de droit fondamental, conduit à reconnaître aux fonctionnaires des collectivités territoriales le droit d'accéder à la fonction publique d'Etat et inversement. En application de ce principe, tout fonctionnaire peut poursuivre sa carrière sans discontinuité dans chacune des deux fonctions publiques. Pour réaliser cet objectif, les statuts particuliers régissant les corps des fonctionnaires territoriaux doivent être définis au niveau national par décrets en Conseil d'Etat et les collectivités territoriales ne peuvent ni les modifier, ni les compléter.

Ce système doit aboutir à la définition de corps comparables au sein desquels la mobilité des personnels est largement ouverte (procédure d'accès direct). En complément de ce dispositif, la réforme retient l'existence d'emplois non comparables pour certaines fonctions spécifiques. La loi prévoit que l'ensemble des statuts particuliers doivent être adoptés avant le 27 janvier 1988. Une commission mixte, émanation des deux conseils supérieurs, doit assurer la mise en œuvre de ce principe.

Mais, pour répondre aux revendications d'une plus grande autonomie dans la gestion de leur personnel, ce principe sera largement mis en cause par la loi de 1987. Cependant, quelles que soient les évolutions, les principes posés en 1984 assurent aux agents territoriaux le déroulement de leur carrière dans n'importe quelle collectivité territoriale ou établissement à l'intérieur d'un même corps, désormais dénommé cadre d'emplois.

C. *La spécificité*

Ce principe a pour but de garantir aux élus locaux leurs prérogatives en ce qui concerne les décisions qui déterminent la carrière des agents telles que la nomination, l'avancement, la notation et le pouvoir disciplinaire. Mais c'est surtout en matière de recrutement que la spécificité est la plus marquée. Le recrutement par concours sur la base d'un classement par ordre de mérite est généralisé, sauf exceptions déterminées par la loi. La généralisation du concours est une véritable innovation, mais elle doit être compatible avec l'autonomie des employeurs. Il ne peut donc exister d'affectation automatique des candidats. Cependant, pour assurer le respect du concours, la collectivité doit déclarer toute vacance d'emploi au centre de gestion, sauf pour les emplois de catégorie C et D, *lorsque la collectivité n'est pas affiliée*. Si la collectivité ne recrute pas par voie de mutation, l'emploi est déclaré vacant et ne pourra être pourvu que par concours. Les autorités locales voient ainsi leur liberté de choix limitée. Si elles peuvent refuser un recrutement, elles doivent motiver leur décision en raison du profil du poste et, dans le cas contraire, elles seront contraintes de participer à la rémunération de l'agent concerné. De plus, le législateur consacre pour les emplois les plus importants, la possibilité soit du recrutement par voie directe, soit le système des *emplois fonctionnels* avec possibilité de décharger les titulaires de leur fonction.

Malgré ces concessions, le texte de 1984 est contesté par une partie des élus. Pourtant, le Conseil constitutionnel a précisé les conséquences du principe de libre administration en matière de personnel. La décision du 26 janvier 1984 définit une partie des conséquences du principe de libre administration des collectivités territoriales sur le statut du personnel. Elle reconnaît la constitutionnalité des dispositions relatives à la gestion collective des emplois et à l'affiliation obligatoire aux centres de gestion, dans la mesure où, les collectivités conservent leur entière responsabilité en matière de création et de suppression d'emplois, de nomination et d'avancement dans la carrière.

Cette réforme est complétée par la loi du 12 juillet 1984, relative à la *formation dans la fonction publique territoriale* qui met en place de nouvelles institutions : un centre national et des centres régionaux. Mais tout ce dispositif va être assez largement modifié.

SECTION III
L'ORGANISATION ACTUELLE DE LA FONCTION PUBLIQUE TERRITORIALE

Les débats qui ont entouré l'adoption du statut de 1984 vont se poursuivre et l'édifice sera profondément modifié à la faveur de l'alternance politique de 1986. La loi du 13 juillet 1987 dite *loi Galland* renforce la spécificité de la fonction publique territoriale et répond ainsi aux revendications d'une majorité des élus locaux. Si l'unité est conservée, le principe de parité reposant sur des corps comparables est vidé de sa substance. Pour garantir le principe de spécificité, la fonction publique territoriale est désormais organisée en cadres d'emplois. Pour assurer une plus grande liberté de gestion du personnel, les règles du recrutement sont modifiées et les organes de gestion et de formation sont réorganisés. Mais la fonction publique territoriale est soumise à de nombreuses critiques et le rapport *Rigaudiat* de 1992, élaboré à la demande du gouvernement, confirme la nécessité de procéder à de nouvelles réformes. La loi du 27 décembre 1994 dite *loi Hoeffel* apporte quelques améliorations importantes, sans pour autant procéder à une révision d'ensemble. Dans le domaine de la fonction publique territoriale, le pragmatisme s'impose. Après avoir présenté les principes qui régissent la carrière des agents locaux, il conviendra de présenter son organisation interne.

§ 1 – LA CARRIÈRE DES AGENTS TERRITORIAUX

Depuis la loi de 1987, la fonction publique territoriale est organisée en cadre d'emplois regroupés en filières. Par ailleurs, il existe des règles spécifiques.

A. *L'organisation en cadre d'emplois et en filières*

La loi de 1984 avait organisé la fonction publique territoriale en corps qui groupent les fonctionnaires soumis au même statut particulier et ayant vocation aux mêmes grades. La réforme de 1987, tout en maintenant le système de carrière, substitue à la notion de corps celle de cadre d'emploi qui regroupe les fonctionnaires soumis au même statut particulier, titulaires d'un grade leur donnant vocation à occuper un ensemble d'emplois, étant entendu que le cadre d'emplois peut regrouper plusieurs grades. Les notions de corps et de cadre d'emplois sont juridiquement très voisines. La notion de cadre d'emplois répond avant tout à la nécessité d'assurer une plus grande souplesse de gestion et offre une plus large autonomie aux autorités locales. Elle contribue à atténuer les principes d'unité de la fonction publique territoriale et elle rompt avec le principe de comparabilité. Enfin, elle favorise les regroupements au sein de filières.

Les filières, basées sur les principales activités, sont une originalité de la fonction publique territoriale et favorisent l'émergence de la notion de métiers : filière culturelle, médico-sociale, police municipale... (sept filières au total).

B. *Les règles spécifiques*

1° Le recrutement

Le principe de l'égal accès aux emplois publics suppose l'application de la règle du concours. Mais les autorités locales conservent des prérogatives importantes, et les exceptions sont nombreuses. Le principe du concours impose des obligations aux autorités locales, mais leur laisse d'importantes prérogatives. La loi Hoeffel a apporté quelques améliorations. La collectivité est tout d'abord tenue de faire parvenir toute vacance de poste aux organes compétents. La priorité est donnée aux mutations et aux promotions internes. Puis, après un délai d'environ six mois, le concours est organisé. C'est le système de la liste d'aptitude qui s'applique. Contrairement à la fonction publique d'Etat, les candidats reçus n'ont aucun droit à être recrutés, mais seulement de rester sur cette liste deux années. Les candidats reçus peuvent ne pas être recrutés. La loi Hoeffel tente de remédier à ce système des *reçus-collés* en précisant que le nombre de postes ouverts par collectivité ne sera plus déterminé en fonction des vacances, mais fixé compte tenu des besoins réels, des lauréats non recrutés et des fonctionnaires pris en charge après suppression de leur emploi.

L'article 38 de la loi du 26 janvier 1984 fixe les exceptions à la règle du concours, notamment dans le cas de la constitution de cadres d'emplois. La loi prévoit également que le recrutement des fonctionnaires de catégorie C est possible sans concours, à condition que le statut particulier correspondant le prévoie expressément. La loi Hoeffel supprime cette condition, mais limite la portée de cette disposition. Les dérogations les plus importantes touchent les emplois supérieurs et le recrutement de non-titulaires pour les emplois de catégorie A *lorsque la nature des fonctions ou les besoins des services le justifient*. Enfin, les autorités locales peuvent constituer des cabinets.

2° La mobilité

La mobilité est désormais réduite à la fonction publique territoriale. Certes le principe subsiste entre les deux fonctions publiques. Mais la mobilité ne peut résulter que de la procédure du détachement ou du concours interne. Elle est en réalité marginale et déséquilibrée au profit de la fonction publique d'Etat.

3° La suppression d'emploi et la décharge de fonctions

Le système de la carrière impose que la suppression d'un emploi n'entraîne pas licenciement mais reclassement dans un autre emploi correspondant au grade dont l'agent est titulaire. Si un emploi ne peut être offert, le fonctionnaire est pris en charge par les organismes de gestion compétents. Il est rémunéré et tout emploi vacant correspondant à son grade doit lui être proposé. Après trois refus d'offre d'emploi, la prise en charge cesse et le licenciement est prononcé. Mais cette possibilité est vivement contestée. Dans le domaine des emplois fonctionnels, la loi de 1984 autorise des décharges de fonctions discrétionnaires et ne met aucune condition de fond. La loi Hoeffel ouvre droit à un congé spécial, au maintien en surnombre de l'agent pendant un an et augmente la prise en charge financière par la collectivité.

§ 2 – LES ORGANES DE LA FONCTION PUBLIQUE TERRITORIALE

La législation de 1984 modifiée a mis en place un dispositif complexe d'organes de gestion et de consultation.

A. *Les organes de gestion*

A l'origine, les textes distinguent nettement entre les organes chargés de la gestion de la carrière des agents et ceux responsables de la formation. Mais une telle solution apparaît trop lourde sur le plan administratif et financier. Les centres régionaux de formation sont supprimés dès 1985, tandis que la loi du 13 juillet 1987 procède à la fusion du centre national de formation et du centre national de gestion au sein du Centre national de la fonction publique territoriale.

1° Le Centre national de la fonction publique territoriale

Ce centre regroupe toutes les collectivités territoriales à l'exception de Paris. Il est composé d'élus et de représentants des fonctionnaires. Il existe des délégations régionales et des services départementaux. Les collectivités qui ont au moins un emploi à temps complet versent une cotisation obligatoire au centre (1 % maximum des rémunérations versées). Cette institution est chargée de la coordination de l'organisation des concours et examens professionnels, de la publicité des créations et vacances d'emplois pour les catégories A et B et de l'établissement au plan national de la liste des candidats admis. Elle assure par ailleurs la prise en charge des fonctionnaires de catégorie A privés d'emploi. Enfin, elle est chargée de l'ensemble des actions de formation.

Cet organisme est critiqué en raison de son coût financier, de l'inadaptation de sa politique de formation et de sa lourdeur (rapport *Rigaudiat)*. La loi Hoeffel de 1994 tente d'apporter quelques solutions par la déconcentration des actions, une meilleure représentation des délégations régionales et un transfert de compétences aux centres de gestion.

2° Les centres de gestion de la fonction publique territoriale

Ils ont pour mission la gestion collective des recrutements et des carrières des agents. Ces établissements publics administratifs départementaux sont dirigés par un conseil d'administration composé exclusivement d'élus. Leurs ressources proviennent d'une cotisation des collectivités (0,8 % de la masse des rémunérations versées). Cette gestion collective n'est imposée qu'aux communes et à leurs établissements qui emploient moins de 350 fonctionnaires à temps complet et à ceux qui n'emploient que des agents à temps non complet (avant la loi Hoeffel de 1994, ce nombre était de 250). Les autres collectivités peuvent s'affilier si elles le souhaitent. Ces centres assurent la gestion des examens, des concours et des listes d'aptitude pour les fonctionnaires de catégorie C et B. Ils gèrent les carrières, la constitution des commissions administratives paritaires, la tenue des conseils de discipline de premier degré et la rémunération des représentants syndicaux. Enfin, pour l'ensemble des collectivités affiliées ou non, les centres s'occupent de la publicité des tableaux d'avancement, de la prise en charge des agents de catégorie B et C et de la publicité des créations et vacances d'emplois pour la catégorie C et ils peuvent en outre dispenser des formations.

B. *Les organes consultatifs*

L'administration consultative de la fonction publique territoriale est proche de celle de la fonction publique d'Etat. Le conseil supérieur de la fonction publique territoriale fonctionne de manière tout à fait traditionnelle. Organisme paritaire, il associe à égalité les représentants des organisations syndicales et des élus et il est présidé par un élu.

Les commissions administratives paritaires sont créées sur le modèle de la fonction publique d'Etat. Elles sont chargées de donner un avis sur les questions individuelles importantes. Elles sont placées soit auprès des centres de gestion, soit auprès des collectivités non affiliées. Elles sont présidées par l'autorité locale, sauf lorsqu'elles siègent comme conseil de discipline et la présidence est alors confiée à des membres de la juridiction administrative.

Les comités techniques paritaires sont créés dans chaque collectivité employant au moins cinquante agents et pour les autres auprès du centre de gestion. Ils ne disposent d'aucune compétence statutaire, réservée au conseil national. Leur consultation préalable est requise en cas de suppression d'emplois. La loi Hoeffel impose à l'autorité territoriale de présenter au moins tous les deux ans un rapport sur l'état de la collectivité, de l'établissement ou du service auprès duquel le comité est placé. Enfin, les comités d'hygiène et de sécurité sont proches de leurs homologues d'Etat.

CHAPITRE VI

Le régime financier des collectivités territoriales

L'exercice du pouvoir financier constitue un élément révélateur du statut et des possibilités d'action des collectivités territoriales. On a souvent dit qu'il manquait le volet financier de la décentralisation faute d'une remise à plat dans le cadre de la réforme de 1982 de la répartition des charges et des ressources entre l'Etat et les collectivités territoriales. On constate cependant au cours de ces dix dernières années une évolution significative de la place occupée par les collectivités territoriales et leurs structures de coopération dans la mise en œuvre des politiques publiques ; elle a induit l'émergence de problèmes financiers nouveaux.

Le régime juridique des décisions budgétaires, les moyens de financement mis à la disposition des collectivités, la solidarité financière mise en œuvre dans le cadre de l'intercommunalité représentent des champs privilégiés d'analyse de cette situation.

SECTION I
LE RÉGIME JURIDIQUE DES DÉCISIONS BUDGÉTAIRES

Le régime juridique des budgets relève d'une part des dispositions constitutionnelles, législatives et réglementaires qui déterminent les conditions d'exercice du pouvoir financier dans les collectivités territoriales, et d'autre part, des règles spécifiques du droit budgétaire et de la comptabilité publique qui garantissent le contrôle des représentants des citoyens et la transparence des opérations.

§ 1 – L'EXERCICE DU POUVOIR FINANCIER

Il nécessite l'intervention des organes des collectivités territoriales et la mise en œuvre des contrôles par les organes externes aux collectivités.

A. *Le rôle des organes de la collectivité*

La répartition des compétences financières entre les organes de la collectivité est fondée sur le principe démocratique d'autorisation des assemblées élues (conseil municipal, conseil général, conseil régional). Les budgets (budget primitif, budgets supplémentaires) sont des délibérations du conseil élu qui traduisent les choix concernant les dépenses et les recettes. Les modalités de présentation des documents budgétaires sont fixées par la loi : regroupement des dépenses et des recettes en section de fonctionnement et en section d'investissement, application d'une nomenclature comptable issue du plan comptable général.

La procédure budgétaire – préparation, vote, exécution, contrôle de l'exécution – repose sur le partage traditionnel des compétences entre l'exécutif, l'assemblée élue, et les organes chargés des contrôles.

1° La préparation du budget

Elle est de la compétence de l'exécutif. Il n'y a pas de formalisme s'appliquant à la procédure de préparation. Elle relève de l'organisation interne propre à chaque collectivité. Les services financiers, la commission des finances sont généralement responsables de l'élaboration du projet. Le maire ou le président de l'assemblée élue arbitre en dernier ressort.

L'information des citoyens sur les choix politiques, que traduit le projet de budget, est renforcée par les dispositions de la loi du 6 février 1992 relatives à la démocratie locale. Les collectivités de plus de 3500 habitants ont l'obligation d'organiser un débat d'orientation budgétaire dans un délai de deux mois précédant l'examen du budget par le conseil.

2° La discussion et le vote du budget

Ils constituent un pouvoir essentiel de l'assemblée élue. Le vote du budget doit intervenir avant le 31 mars de son année d'application. (art. L. 1612-2 du CGCT). Les élus disposent d'un pouvoir d'amendement sans limitation juridique, sachant qu'il existe la contrainte de voter le budget en équilibre.

Le budget est voté par chapitre ou par article (art. L. 2312-2 du CGCT); cela garantit un contrôle précis de l'affectation des crédits. Le budget est adopté à la majorité absolue des suffrages exprimés.

La délibération budgétaire adoptée est transmise au représentant de l'Etat qui en contrôle la légalité.

Le budget est un document public. Dans le souci d'améliorer l'information des citoyens et la transparence financière, la loi du 6 février 1992 impose aux collectivités de plus de 3500 habitants de compléter les données contenues dans le budget par la publication en annexe d'un ensemble de renseignements leur permettant d'avoir une connaissance plus exhaustive de la situation financière : données synthétiques sur la situation financière de la collectivité, liste des concours attribués aux associations, présentation consolidée des résultats du budget principal et des budgets annexes, tableaux de synthèse des comptes administratifs des organismes de coopération intercommunale dont la collectivité est membre, bilan certifié conforme des organismes dans lesquels la commune est engagée financièrement, encours des emprunts garantis, comptes produits par les délégataires de services publics, tableaux des acquisitions et cessions immobilières. Cette obligation constitue une démarche de consolidation des comptes qui aurait pu être confortée par la réforme de la comptabilité communale.

3° L'exécution du budget

L'exécution du budget est confiée à l'exécutif (maire, président du conseil général ou régional) qui est l'ordonnateur de la collectivité. Il exerce cette compétence en collaboration avec le comptable. La procédure d'exécution des dépenses et des recettes repose en effet sur le principe de séparation de l'ordonnateur et du comptable posé par le décret du 29 décembre 1962 portant règlement général sur la comptabilité publique.

L'ordonnateur est un administrateur qui dispose de pouvoirs en matière de gestion des crédits et de recouvrement des recettes. L'ordonnateur est tenu d'assurer le recouvrement des recettes mais il apprécie l'opportunité de réaliser les dépenses si elles n'ont pas un caractère obligatoire.

L'ordonnateur est responsable politiquement devant le conseil élu et les électeurs. Pendant longtemps, la responsabilité personnelle et financière des élus locaux a été limitée aux cas de gestion de fait. Cette situation a été modifiée par la loi du 29 janvier 1993 relative à la prévention de la corruption et à la transparence de la vie économique qui rend les ordonnateurs locaux justiciables de la Cour de discipline budgétaire et financière dans deux cas : d'une part, s'ils ont enfreint l'obligation de mandater les sommes fixées par une décision de justice et, d'autre part, s'ils ont exercé leur droit de réquisition dans des conditions qui ont procuré à autrui un avantage injustifié. Ces dispositions s'inscrivent dans la logique de renforcement de la responsabilité des élus locaux.

Le comptable est un agent de l'Etat mis à la disposition des collectivités territoriales. Il assure les opérations de paiement des dépenses et de recouvrement des recettes. Il relève de la hiérarchie des comptables du Trésor ce qui garantit son indépendance. Il est soumis à un régime traditionnel de responsabilité personnelle et pécuniaire très strict.

Concrètement l'ordonnateur assume la phase administrative d'exécution, c'est-à-dire les opérations d'engagement, de liquidation, d'ordonnancement.

Le comptable intervient à l'issue de cette phase. Il vérifie la régularité des pièces transmises par l'ordonnateur et réalise le paiement des dépenses et le recouvrement des recettes. Dans l'hypothèse où il constate une irrégularité, il refuse de payer. Dans ce cas la loi du 2 mars 1982 a renforcé les pouvoirs de l'ordonnateur, puisqu'il peut réquisitionner le comptable, c'est-à-dire le contraindre à payer. L'exercice du droit de réquisition est soumis à certaines règles : il ne peut pas être mis en œuvre si le refus de paiement est motivé, entre autres, par l'insuffisance de crédits. La chambre régionale des comptes et le préfet doivent être informés de cette décision qui entraîne transfert de la responsabilité du comptable sur l'ordonnateur.

L'ordonnateur tient la comptabilité des opérations de mandatement qu'il effectue dans le compte administratif. Le comptable tient la comptabilité des paiements et des encaissements dans le compte de gestion. Ces documents sont des instruments de contrôle mais aussi d'aide à la décision et d'optimisation de la gestion financière.

4° Le contrôle de l'exécution du budget

Le contrôle politique, c'est-à-dire celui de l'assemblée, intervient a posteriori. Il permet de vérifier la conformité de l'exécution avec l'autorisation, d'arrêter les résultats et de s'assurer de la régularité et de la qualité de la gestion des deniers publics. Le conseil élu vote donc chaque année le compte administratif et vérifie sa conformité avec le compte de gestion.

Les délibérations qui sont adoptées dans le cadre de l'exercice du pouvoir financier des collectivités sont soumises comme toutes les décisions des collectivités territoriales aux contrôles externes exercés par le représentant de l'Etat et les chambres régionales des comptes dans le domaine financier.

B. *Les contrôles externes et le rôle des chambres régionales des comptes*

Les délibérations financières des collectivités territoriales exécutoires de plein droit relèvent du contrôle général de légalité exercé par le préfet sur les actes des collectivités territoriales. Elles sont aussi soumises à un contrôle spécifique aux décisions financières : le contrôle budgétaire. Ce contrôle est assuré conjointement par le préfet et les chambres régionales des comptes qui participent aussi au contrôle a posteriori sur les comptes des comptables et la gestion des ordonnateurs.

Les chambres régionales des comptes (CRC) sont des juridictions financières conçues sur le modèle de la Cour des comptes. Elles sont organisées par la loi du 10 juillet 1982. Il y a une chambre par région administrative. Elles sont composées de magistrats inamovibles ce qui garantit leur indépendance. Le recrutement des magistrats s'effectue à la sortie de l'ENA ou par la voie du détachement de la Cour des comptes.

Leur création s'inscrit dans la logique de la décentralisation. Elle garantit la participation d'un organe juridictionnel au contrôle de légalité budgétaire; elle entraîne le transfert à l'échelon régional des attributions de contrôle a posteriori des comptes et de la gestion des collectivités territoriales et établissements publics locaux.

Les CRC exercent ces compétences suivant des modalités qui les conduisent à prendre des décisions de nature juridique différente : avis, propositions, jugements, observations. Elles jouent à l'heure actuelle un rôle déterminant dans le contrôle sur la gestion et la situation financière des collectivités territoriales.

1° Le contrôle budgétaire

C'est le contrôle qui s'exerce sur les éléments spécifiques de la légalité budgétaire. Traditionnellement, le contrôle sur les décisions financières est un contrôle renforcé. Dans l'esprit de la décentralisation il évolue dans une logique analogue à celle du contrôle de légalité : suppression de l'approbation préalable, caractère exécutoire des décisions financières, qui sont soumises au contrôle a posteriori du préfet, et participation à l'exercice du contrôle des chambres régionales des comptes, juridictions administratives spécialisées.

La procédure de contrôle est elle-même profondément modifiée. Le préfet exerce le contrôle de légalité budgétaire. S'il constate un manquement à la légalité il transmet l'acte contesté à la CRC; celle-ci formule des propositions de rétablissement de la légalité qui, si elles ne sont pas acceptées par la collectivité, sont communiquées au préfet.

Le contrôle budgétaire porte sur quatre points limitativement prévus par la loi du 2 mars 1982 dans ses articles 7, 8, 9 et 11 : la date de vote du budget, l'équilibre du budget, la situation du compte administratif, l'inscription des dépenses obligatoires. Il s'exerce dans chacun des cas dans les conditions suivantes :

a) La date de vote du budget

Le budget doit être voté au plus tard le 31 mars ou le 15 avril en cas de renouvellement des conseils élus (art. L. 1612-2 du CGCT). Si le préfet constate que le budget n'a pas été adopté à cette date, il saisit la CRC. L'assemblée élue de la collectivité est alors dessaisie de son pouvoir budgétaire. La CRC va formuler des propositions de budget minimal permettant d'assurer la continuité des services publics. Elle transmet celles-ci au préfet qui règle d'office le budget, selon les propositions de la CRC ; s'il s'en écarte il doit motiver sa décision.

b) L'équilibre du budget

Le budget des collectivités territoriales doit être voté en équilibre réel. L'article L. 1612-4 du CGCT donne la définition de l'équilibre réel : la section de fonctionnement et la section d'investissement doivent être respectivement en équilibre ; les dépenses et les recettes doivent être évaluées de façon sincère ; le prélèvement sur les recettes de fonctionnement et les recettes définitives de la section d'investissement doit permettre de couvrir le remboursement en capital des annuités d'emprunt. L'article 6 de la loi du 22 juin 1994 *portant dispositions budgétaires et comptables relatives aux collectivités locales* modifie cette définition de l'équilibre ; à partir du 1er janvier 1997 ne seront pas considérés comme étant en déséquilibre : les budgets dont la section de fonctionnement reprend un excédent reporté par décision du conseil municipal, ou les budgets dont la section d'investissement comporte un excédent, notamment après inscription des dotations aux amortissements et aux provisions imposées par la loi. Si le préfet constate que le budget ne satisfait pas à ces obligations, il le transmet à la CRC qui formule des propositions visant à rétablir l'équilibre. Celles-ci sont soumises à l'assemblée élue de la collectivité ; si elle prend une nouvelle délibération les entérinant, la procédure s'arrête. Dans le cas contraire, le préfet règle le budget dans les conditions prévues au cas précédent.

c) La situation du compte administratif

Le vote du compte administratif doit intervenir au plus tard le 30 juin de l'année suivant l'exécution du budget. La délibération est transmise au préfet qui constate les conditions dans lesquelles les comptes ont été arrêtés et vérifie la sincérité des inscriptions. S'il constate un déficit du compte administratif égal ou supérieur à 10 % des recettes de fonctionnement dans les collectivités de moins de 20 000 habitants et à 5 % dans les autres collectivités, le préfet saisit la CRC. Celle-ci propose à la collectivité les mesures de nature à rétablir l'équilibre. Lorsqu'une collectivité fait l'objet d'une telle procédure, le budget primitif de l'exercice suivant est automatiquement transmis à la CRC. Si les mesures de redressement n'apparaissent pas suffisantes pour résorber le déficit, la CRC transmet au préfet des propositions de dispositions nécessaires pour rétablir la situation. Celui-ci règle d'office le budget.

Le contrôle du compte administratif est renforcé par la loi du 6 février 1992 et par la loi du 22 juin 1994 pour prévenir les risques et limiter les tentations de fuite en avant. En effet, lorsqu'une collectivité se trouve dans un contexte financier difficile, la situation du compte administratif en est souvent le révélateur.

d) L'inscription des dépenses obligatoires

L'article 1612-15 du code général des collectivités territoriales dispose que sont obligatoires les dépenses nécessaires à l'acquittement des dettes exigibles et les dépenses pour lesquelles la loi l'a expressément décidé. Le texte paraît restrictif dans sa formulation, mais il doit être complété par ceux qui fixent la liste des dépenses obligatoires de chaque collectivité territoriale : article L. 2321-2 pour les communes, article L. 3322-1 pour les départements, article L.4321-1 pour les régions. Si une dépense obligatoire n'est pas inscrite au budget ou l'est pour un montant insuffisant, la CRC saisie par le préfet, par le comptable public ou par toute personne y ayant intérêt met en demeure la collectivité d'inscrire la dépense à son budget. Si celle-ci n'obtempère pas, la CRC transmet ses propositions au préfet qui inscrit d'office la dépense obligatoire en prenant éventuellement les mesures nécessaires à la couverture de la dépense dans les conditions proposées par la CRC ou en s'en écartant avec l'obligation de motiver sa décision.

Lorsque le budget d'une collectivité a fait l'objet d'une mesure de règlement d'office, le budget de l'année suivante est automatiquement transmis à la CRC.

La loi du 6 février 1992 sur l'administration territoriale de la République renforce le contrôle pour les collectivités dont le budget a fait l'objet d'une mesure de règlement par le préfet; dans ce cas le budget supplémentaire afférent au même exercice doit être transmis par le préfet à la CRC Le compte administratif relatif à l'exercice concerné est voté avant le budget primitif de l'année suivante.

Le dispositif juridique de contrôle budgétaire paraît garantir la régularité de la gestion financière des collectivités territoriales. Cet objectif ne semble que partiellement atteint au regard de la gravité des difficultés auxquelles sont confrontées certaines d'entre elles.

Plusieurs explications peuvent être avancées :

– Le préfet n'est pas tenu de saisir la CRC. Il peut espérer, comme les élus le lui suggèrent, que le temps permettra à la situation de se rétablir. Le nombre relativement peu important des saisines des CRC – même si elles augmentent – peut étayer cette opinion.

– Les services préfectoraux en charge du contrôle ne sont pas suffisamment dotés en personnel; celui-ci est souvent peu formé à la complexité de ces tâches qui impliqueraient des compétences en analyse financière.

– La portée du contrôle est limitée par les conditions mêmes de son exercice; son caractère annuel ne donne qu'une vision limitée de la situation financière, il ne permet pas d'apprécier son évolution dans le temps. Le budget ne rend compte que d'une partie des engagements financiers des collectivités en l'absence d'un système de consolidation des comptes. Les risques sont donc difficilement appréciables.

Des améliorations peuvent être apportées à l'exercice du contrôle sans en remettre en cause la logique. Le rapport de la Cour des comptes au président de la République pour l'année 1995 fait un certain nombre de propositions susceptibles d'aider les services à apprécier la situation financière d'une collectivité.

2° Le contrôle des comptes des comptables

La loi du 10 juillet 1982 prévoit que les CRC jugent chaque année les comptes des comptables publics de leur ressort géographique. La loi du 5 janvier 1988 dite d'amélioration de la décentralisation a apporté des restrictions à cette compétence puisqu'elle exclut de la juridiction des CRC les comptes des communes ou groupements de communes de moins de 2 000 habitants dont le montant des recettes ordinaires figurant au dernier compte administratif est inférieur à deux millions de francs. Ces comptes font l'objet d'un apurement administratif par les trésoriers-payeurs généraux sous le contrôle des CRC.

Dans le cadre de cette attribution de jugement, les CRC interviennent dans des conditions identiques à celles de la Cour des comptes. Le jugement a un caractère automatique : le compte est jugé chaque année et lorsque le comptable quitte ses fonctions. La procédure est écrite, inquisitoire et contradictoire. Le jugement rendu est un jugement de quitus ou de décharge si le compte est régulier, un jugement d'avance s'il fait apparaître un excédent, un jugement de débet en cas d'insuffisance. Dans cette dernière hypothèse, la responsabilité du comptable sera mise en cause, mais les CRC n'ont pas à l'apprécier. C'est le ministre des Finances qui tranchera sur ce point. Les CRC connaissent aussi des comptes des gestionnaires de fait. Il s'agit d'administrateurs n'ayant pas la qualité de comptables et ayant malgré tout manié des deniers publics. Ils sont déclarés comptables de fait et doivent rendre compte des opérations qu'ils ont effectuées ; la comptabilité retraçant ces opérations est jugée par la CRC dans les mêmes conditions que celle des comptables. Le comptable de fait est soumis à un régime de responsabilité identique à celle du comptable. La déclaration de comptabilité de fait entraîne pour un élu l'inéligibilité immédiate.

Les jugements des CRC sont susceptibles d'appel devant la Cour des comptes.

3° Le contrôle de la gestion

Il s'agit d'un contrôle administratif a posteriori qui conduit les CRC à formuler des observations sur la gestion des ordonnateurs des collectivités territoriales.

a) Le champ d'application

Le champ d'application de ce contrôle est vaste puisqu'il concerne la gestion des collectivités territoriales, des établissements publics, locaux, des organismes, quel que soit leur statut juridique, auxquels les collectivités territoriales apportent un concours financier supérieur à 10 000 francs ou au sein desquels elles exercent un pouvoir de décision prépondérant.

b) La portée

La loi du 2 mars 1982 avait prévu que les CRC s'assuraient « du bon emploi des crédits, fonds et valeurs ». Cette notion de « bon emploi » pouvait sembler porteuse du développement d'un contrôle d'opportunité. Pour supprimer ce risque, la loi du 5 janvier 1988 dispose dans son article 14 que les CRC s'assurent « de l'emploi régulier des crédits, fonds et valeurs ».

Le contrôle qui s'exerce dans ce cadre juridique conduit les CRC à vérifier la régularité des opérations concernant les deniers publics; il leur permet aussi d'apprécier la qualité de la gestion des ordonnateurs. Les CRC disposent de moyens d'investigation importants : outre les comptes des comptables qui leur sont automatiquement transmis, elles peuvent se faire communiquer tout document et entendre tout fonctionnaire ou agent de l'organisme contrôlé. L'ordonnateur est informé du déroulement de cette procédure. Elle débouche sur la formulation d'observations qui sont soumises à l'ordonnateur avant de prendre un caractère définitif. Le principe de confidentialité des observations qui avait été posé par la loi du 5 janvier 1988 a été supprimé par la loi du 15 janvier 1990 relative au financement des partis politiques. Ce texte prévoit que les observations formulées par les CRC doivent être communiquées à l'assemblée élue de la collectivité lors de sa plus proche réunion; elles sont en même temps transmises au représentant de l'Etat.

Certaines de ces observations sont reprises dans le rapport public de la Cour des comptes au président de la République. La Cour des comptes peut aussi demander aux CRC de mener une étude transversale sur un problème particulier, ainsi en 1991 et 1995, elles ont réalisé un bilan du contrôle budgétaire.

La loi du 6 février 1992 complète ce dispositif de contrôle administratif par l'instauration d'un contrôle préventif des CRC sur des décisions pouvant engager financièrement les collectivités. L'article 47-3 stipule que «les conventions relatives aux marchés ou délégations de service public peuvent être transmises par le représentant de l'Etat à la CRC, il en informe l'autorité concernée». La CRC formule des observations qui sont transmises à la collectivité concernée et au représentant de l'Etat.

Dans le même souci d'anticiper sur les risques financiers, l'article 47-1 de la loi du 6 février 1992 permet au représentant de l'Etat ou à l'autorité territoriale de saisir la CRC de décisions d'organismes non soumis aux règles de la comptabilité publique, mais relevant du champ de contrôle des CRC, lorsque celles-ci sont susceptibles d'augmenter la charge financière ou le risque encouru par la collectivité.

La diversité des formes de contrôle ne doit pas occulter le fait qu'ils s'alimentent les uns aux autres. Les chambres régionales des comptes ont acquis une connaissance très précise de la situation financière des collectivités. Si leurs observations sont redoutées par les élus locaux, elles peuvent aussi leur apporter une aide précieuse dans l'expertise de leur situation financière.

§ 2 – LES PRINCIPES DU DROIT BUDGÉTAIRE ET LES RÈGLES DE LA COMPTABILITE PUBLIQUE

Ils constituent un corps de règles spécifiques qui s'appliquent aux budgets des collectivités publiques. Ils ont pour finalité commune d'assurer le contrôle des représentants des citoyens sur les autorisations budgétaires et sur l'utilisation des deniers publics. Ils garantissent la transparence des opérations financières. Les principes du droit budgétaire concernent les conditions d'adoption des décisions budgétaires ; les règles de la comptabilité publique fixent les normes de présentation des informations budgétaires et comptables.

A. *Les principes du droit budgétaire*

1° Les principes d'annualité et d'antériorité

Ils impliquent que l'assemblée vote le budget chaque année et pour un an, avant le début de l'exercice. Ils ont pour finalité de permettre un contrôle de l'assemblée élue, régulier et préalable à l'entrée en application de l'autorisation budgétaire.

Le budget des collectivités ne satisfait pas complètement à cette obligation puisque le code général des collectivités territoriales (art. L. 1612-2) prévoit qu'il peut être adopté jusqu'au 31 mars ou au 15 avril. Cette tolérance est justifiée par le fait que certaines informations nécessaires à la préparation du budget ne peuvent être communiquées par les services de l'Etat qu'après le vote de la loi de finances de l'année; c'est le cas notamment du montant des dotations de l'Etat.

Dans la période qui précède le vote du budget, l'exécutif est autorisé à mettre en recouvrement les recettes et à engager, liquider et mandater les dépenses de fonctionnement dans la limite des crédits inscrits au budget l'année précédente. Il peut aussi, à condition d'y être autorisé par l'organe délibérant, engager, liquider et mandater les dépenses d'investissement dans la limite du quart des crédits ouverts au budget de l'exercice précédent.

La loi du 6 février 1992 étend à l'ensemble des collectivités territoriales la possibilité d'utiliser la technique des autorisations de programme et des crédits de paiement qui améliore la gestion des crédits d'investissement. Elle implique la tenue d'une comptabilité d'engagement.

L'application du principe d'annualité au niveau de l'exécution du budget pose la question du sort des crédits non utilisés au terme de l'exercice. La technique du report, réservée aux crédits d'investissement, est une réponse qui constitue un aménagement au principe d'annualité.

2° Le principe d'unité

Il implique que l'ensemble des dépenses et des recettes de la collectivité soient contenues dans un document unique, le budget; il assure à l'assemblée élue un contrôle sur toutes les opérations concernant les deniers publics.

Mais, comme l'Etat, les collectivités territoriales gèrent en régie des services de nature industrielle ou commerciale donnant lieu au paiement d'un prix par l'usager. Ceux-ci sont dotés de l'autonomie financière; leurs opérations sont retracées dans des budgets annexes au budget principal de la collectivité. Cela permet d'apprécier les conditions de gestion de ces services. Il s'agit même d'une obligation pour certaines activités, par exemple pour les services d'eau et d'assainissement. Le budget annexe doit être en équilibre et est soumis au vote de l'assemblée élue en même temps que le budget principal de la collectivité. Le contrôle est donc garanti.

En revanche, les deniers publics – sous forme de subventions par exemple – qui sont gérés par des organismes soumis aux règles du droit privé (associations, SEM, entreprises privées) échappent au contrôle direct des élus, en l'absence de système de consolidation des comptes.

3° Le principe d'universalité

Il comporte deux contraintes : d'une part, les dépenses et les recettes doivent être inscrites dans le budget pour leur montant intégral, sans contraction entre les unes et les autres; c'est une règle de sincérité qui évite la constitution de caisses noires. D'autre part, les recettes servent à financer l'ensemble des dépenses, sans affectation des unes aux autres.

Il existe dans les finances des collectivités territoriales des exceptions à cette règle liées à la nature des relations financières avec l'Etat :

– certaines subventions de l'Etat sont affectées à la réalisation d'opérations déterminées;

– la loi prévoit que le produit de certains impôts doit être affecté à la réalisation de dépenses déterminées, c'est le cas, notamment, de la taxe locale d'équipement et de la taxe de séjour.

4° Le principe de spécialité

Il assure un contrôle détaillé des élus sur l'affectation des crédits puisque le budget est voté chapitre par chapitre ou même article par article si la majorité du conseil le souhaite (art. L. 2312-2, L. 3312-1, L. 4311-1 du CGCT).

Cette décision lie l'ordonnateur dans l'exécution du budget; il ne peut effectuer de virements d'un article à un autre à l'intérieur d'un même chapitre sans l'autorisation du conseil.

La loi du 5 janvier 1988 a accordé à l'exécutif une marge de manœuvre en lui permettant de prévoir dans le budget un crédit pour dépenses imprévues qui n'est pas affecté. Le montant de ce crédit ne peut excéder 7,5 % de chacune des sections de fonctionnement et d'investissement (art. L. 2312-2, L. 3312-1, L. 4311-1 du CGCT).

B. *Les règles de la comptabilité publique*

Elles ont pour finalité première de garantir le contrôle de la régularité de l'utilisation des deniers publics. Mais on demande aussi à la comptabilité d'être un instrument de connaissance de la situation financière et d'aide à la décision. Cette fonction est essentielle pour les collectivités territoriales qui sont confrontées à des choix financiers difficiles et complexes.

Le décret du 29 décembre 1962 portant règlement général sur la comptabilité publique pose les principes s'appliquant à l'ensemble des organismes publics. Des instructions particulières fixent les conditions d'application pour chaque type d'organisme. Ces circulaires d'application s'appliquant aux organismes publics font l'objet de réformes successives qui visent à intégrer les nouvelles dispositions du plan comptable général de 1982.

Concernant les communes, la loi du 22 juin 1994 a fixé les principes généraux de la réforme. Les dispositions adoptées s'inscrivent dans la logique de celles de la loi du 6 février 1992, visant à améliorer la transparence et la sincérité des comptes. Elles permettent d'avoir une approche plus patrimoniale de la situation des collectivités. Elles ont été élaborées dans un souci de concertation avec les élus et mises en œuvre à titre expérimental dans des communes pilotes avant l'entrée en application de la réforme. La nouvelle circulaire d'application – M14 – est entrée en vigueur le 1er janvier 1997. La portée de la réforme varie en fonction de critères démographiques : certaines dispositions sont applicables à l'ensemble des communes, d'autres ne s'adressent qu'à celles de plus de 3500 habitants.

Les modifications applicables à toutes les communes concernent d'une part la nomenclature des comptes qui reprend celle du plan comptable de 1982, d'autre part, la technique du prélèvement sur recettes de fonctionnement qui prendra désormais en compte le résultat de l'exercice précédent.

Les dispositions spécifiques aux communes de plus de 3 500 habitants portent sur :

– la présentation des budgets qui combine une présentation par nature et par fonctions, inspirée de la nomenclature fonctionnelle des administrations. La commune conserve le choix pour le vote du budget de l'une ou l'autre présentation;

– l'instauration d'un amortissement obligatoire pour les biens renouvelables; la durée de l'amortissement est choisie par le conseil municipal;

– la constitution de provisions pour les risques afférents aux garanties d'emprunts accordées par les collectivités à certains organismes; c'est une règle de prudence. La mise en jeu des garanties est souvent une source de difficultés financières;

– le rattachement des charges et des produits à l'exercice au cours duquel le service a été rendu ou les droits sont nés. Cette mesure permettra de donner une vision plus sincère des résultats de l'exécution du budget.

La réforme de la comptabilité des départements et des régions devrait intervenir en 2000.

SECTION II
LE FINANCEMENT DES BUDGETS

La question des moyens dont disposent les collectivités pour financer leurs dépenses est un enjeu déterminant de l'exercice de leur pouvoir. Les collectivités assument des dépenses qui ont, soit un caractère obligatoire (*cf. supra* section I, § I) dont la proportion peut représenter une part importante des budgets, soit un caractère facultatif; dans ce cas elles constituent une réponse à la demande sociale, significative des choix des élus.

La mise en œuvre des politiques locales est conditionnée par la nature et l'importance des ressources qui sont accordées aux collectivités territoriales par l'Etat. La situation dans ce domaine constitue un élément d'appréciation des relations financières entre l'Etat et les collectivités territoriales.

On considère traditionnellement que la reconnaissance de ressources propres – particulièrement de ressources fiscales – est une condition de l'autonomie financière. Celles-ci sont généralement complétées par des financements de l'Etat dont le régime est porteur d'une marge de manœuvre plus ou moins étendue.

Les collectivités ont accès pour le financement de leurs dépenses d'investissement à l'emprunt.

L'étude des ressources envisagée dans la perspective de l'autonomie financière conduit à distinguer trois grandes catégories de ressources :

– les recettes propres,
– les concours financiers,
– l'emprunt.

§ 1 – LES RECETTES PROPRES : LA FISCALITÉ LOCALE

Les recettes propres sont constituées de deux catégories de recettes dont l'importance relative dans les budgets est très différente : les recettes non fiscales et les recettes fiscales.

Les recettes non fiscales – produits du domaine, produits financiers, produits de l'exploitation – représentent généralement une part faible des recettes de fonctionnement. Elles peuvent correspondre à une situation acquise exceptionnelle : par exemple l'importance des ressources domaniales dans certaines communes. Elles peuvent aussi traduire des choix politiques : le volume des produits de l'exploitation est fonction du choix du mode de gestion et de financement des services publics.

L'autonomie financière repose principalement sur la reconnaissance aux collectivités territoriales de ressources fiscales propres dans des proportions leur garantissant un véritable pouvoir de décision en matière financière. Ce pouvoir, dans le cadre du principe de libre administration des collectivités territoriales, n'emporte pas la capacité de créer des impôts : l'article 34 de la Constitution dispose que «la loi fixe les règles concernant l'assiette, le taux et les modalités de recouvrement des impositions de toute nature».

La fiscalité des collectivités territoriales leur est donc consentie par l'Etat. Celui-ci peut, sans porter atteinte au principe de libre administration, décider de supprimer éventuellement un impôt (*cf.* décision du Conseil constitutionnel du 24 juillet 1991, J.O. du 26 juillet 1991).

Certains impôts sont affectés par la loi au financement de dépenses déterminées : par exemple la taxe locale d'équipement est affectée à la réalisation d'infrastructures nécessitées par les opérations immobilières qu'elle frappe.

Le pouvoir des collectivités territoriales en matière fiscale repose donc sur :

– la possibilité de choisir de percevoir certains impôts lorsque la loi leur a reconnu un caractère facultatif (exemple : la taxe de séjour dans les communes touristiques et thermales);

– la possibilité de pratiquer certains abattements ou certaines exonérations : par exemple en matière de taxe d'habitation ou de taxe professionnelle. C'est un moyen pour les collectivités de donner à leurs choix en matière fiscale une dimension sociale ou économique;

– le droit de déterminer le montant du produit des impôts nécessaires pour assurer le financement des dépenses et donc de fixer la charge qui pèsera sur le contribuable. Ce pouvoir a été pleinement reconnu aux collectivités par la loi du 10 janvier 1980 qui leur accorde la liberté de fixer le taux des taxes directes locales (taxe foncière sur les propriétés non bâties, taxe foncière sur les propriétés bâties, taxe d'habitation, taxe professionnelle).

La structure de la fiscalité est caractérisée à chaque niveau d'administration territoriale par deux types d'impôts :

– les impôts directs prélevés par l'ensemble des collectivités et des établissements publics de coopération intercommunale dotés d'une fiscalité propre;

– des impôts spécialisés à une catégorie de collectivités, commune, département ou région.

A. *La fiscalité directe*

Elle constitue qualitativement et quantitativement l'enjeu essentiel du pouvoir fiscal pour toutes les collectivités territoriales. Chaque niveau d'administration territoriale perçoit sa part d'impôt en fixant un taux qui s'applique à une assiette commune; ce système de superposition d'impôts rend difficile l'identification des choix de politique fiscale par le contribuable.

La fiscalité directe repose sur les quatre taxes directes : taxe foncière sur les propriétés non bâties, taxe foncière sur les propriétés bâties, taxe d'habitation, taxe professionnelle. Ces impôts, hérités des anciennes contributions du système fiscal de l'Ancien Régime, ont été modernisés par les lois du 31 décembre 1973 et du 29 juillet 1975. Ils font depuis de nombreuses années l'objet de critiques entraînant de multiples aménagements ponctuels qui perturbent l'économie générale de la fiscalité; le débat sur la réforme de la fiscalité locale reste d'actualité.

1° Le régime des taxes directes locales

a) Le champ d'application

Les taxes foncières sur les propriétés bâties (FB) et sur les propriétés non bâties (FNB) sont dues par les propriétaires d'immeubles bâtis ou non bâtis.
La taxe d'habitation (TH) est due par l'occupant d'un local à usage d'habitation.

La taxe professionnelle (TP) est due par toute personne physique ou morale exerçant une activité professionnelle non salariée (commerçant, artisan, profession libérale).

Il existe de nombreux cas d'exonérations soit qu'ils aient été décidés par la loi – et dans ce cas ils peuvent donner lieu à compensation de la part de l'Etat – soit qu'ils relèvent d'une décision des collectivités territoriales.

b) L'assiette

L'assiette des taxes qui frappent les ménages (FNB, FB, TH) repose très largement sur la richesse immobilière appréhendée à partir de la valeur locative cadastrale du bien. Celle-ci est déterminée selon une méthode indiciaire qui consiste à appliquer à la surface de l'immeuble un tarif au mètre carré qui dépend de son classement dans l'une des catégories fixées par la loi.

L'assiette de la taxe professionnelle intègre, outre la valeur locative des immobilisations, un pourcentage de la valeur locative des équipements et 18 % des salaires versés par l'entreprise ou 10 % des recettes pour les assujettis qui n'ont pas la qualité de commerçants.

L'assiette retenue pour ces taxes fait l'objet de nombreuses critiques. Les évaluations cadastrales sont anciennes et ne correspondent plus à la valeur réelle des biens. L'assiette de la taxe professionnelle pénalise les entreprises qui embauchent ou investissent.

c) La liquidation

C'est l'opération qui permet de déterminer la dette du contribuable. Elle suppose :

– l'application des abattements qui permet de fixer les bases nettes d'imposition;

– le choix des taux d'imposition qui s'appliquent à ces bases.

Les abattements sont obligatoires ou facultatifs. Les abattements obligatoires s'appliquent automatiquement; dans certains cas ils ouvrent droit à compensation de l'Etat (exemple : abattement général de 16 % sur les bases d'imposition de taxe professionnelle).

Dans d'autres cas, en particulier en ce qui concerne les abattements relatifs à la taxe d'habitation, les assemblées élues des collectivités peuvent en choisir le taux (abattement pour charge de famille) ou décider d'appliquer des abattements ayant un caractère facultatif (abattement général ou spécial à la base). Elles disposent ainsi de la possibilité de prendre en compte les facultés contributives des contribuables.

La liberté de fixer les taux d'imposition est reconnue aux collectivités par la loi du 10 janvier 1980. L'application des taux aux bases d'imposition leur permet de fixer le produit des impôts. Cette liberté est cependant encadrée par deux séries de dispositions. Elles doivent respecter les taux plafonds fixés par la loi : deux fois ou deux fois et demie les taux moyens nationaux.

Elles sont tenues de pratiquer une politique de variation proportionnelle des taux : les taux de la taxe professionnelle et de la taxe foncière sur les propriétés non bâties ne peuvent évoluer plus rapidement que le taux de la taxe d'habitation ou que les taux moyens pondérés des trois taxes foncières.

d) Le recouvrement des impôts

Il est effectué par les comptables du Trésor. L'Etat se rémunère de ce service rendu aux collectivités en prélevant un pourcentage du produit des impôts.

Les impôts locaux étant recouvrés en fin d'année, l'Etat assure les besoins de trésorerie des collectivités en leur versant mensuellement le douzième du produit de leurs impôts.

La logique générale du régime de ces impôts qui a été fixée en 1973 et 1975 est profondément perturbée par les multiples réformes ponctuelles intervenues depuis cette époque. L'Etat a voulu remédier à l'injustice de certaines dispositions. Il a aussi utilisé les impôts locaux comme instruments de la politique économique, de la politique d'aménagement du territoire, de la politique de la ville. Cette situation se traduit par la multiplication des mesures dérogatoires : abattements réduisant l'assiette de l'impôt, exonérations de taxe professionnelle dans certaines zones d'aménagement du territoire, institution des zones franches. Ce comportement le conduit, pour ne pas pénaliser financièrement les collectivités, à leur verser des compensations. Cette situation est onéreuse pour l'Etat; elle occulte les responsabilités et entraîne une complexification des relations financières Etat – collectivités territoriales.

2° La péréquation en matière fiscale

La territorialisation de l'impôt entraîne de grandes inégalités de richesse fiscale entre collectivités. La péréquation est un mécanisme mis en œuvre par l'Etat pour corriger ces inégalités. C'est un instrument de solidarité financière. A l'origine la péréquation concerne essentiellement la taxe professionnelle qui est très inégalement répartie entre les communes. Il existe à l'heure actuelle : un fonds national de péréquation de la taxe professionnelle, créé par la loi du 10 janvier 1980 qui a pour fonction d'aider les communes qui sont confrontées à des difficultés financières graves en raison de pertes de bases d'imposition de taxe professionnelle. La loi du 4 février 1995 crée un nouveau fonds national de péréquation qui traduit la volonté de renforcer ce dispositif. Il se substitue à l'ancien fonds national de péréquation de la taxe professionnelle dans sa fonction de correction des inégalités de richesse fiscale entre communes. Ces fonds sont alimentés par une dotation de l'Etat et une cotisation versée par les entreprises faiblement imposées dans le cadre communal.

La péréquation de la taxe professionnelle est aussi organisée dans le cadre départemental; la loi du 29 décembre 1975 a institué des fonds départementaux de péréquation de la taxe professionnelle. Ils sont financés par un versement des communes sur le territoire desquelles sont implantés des établissements dits «exceptionnels» au regard de l'importance de leurs bases d'imposition. Ils assurent une redistribution de ces ressources entre les communes concernées par la présence de l'établissement «exceptionnel» et les communes à faible potentiel fiscal du département.

L'Etat a développé au début des années 90 de nouvelles modalités de correction des disparités de richesse fiscale. Deux nouveaux fonds de péréquation ont été créés : un fonds de solidarité entre les communes de la région Ile-de-France et un fonds de correction des déséquilibres régionaux. Les sommes affectées à la péréquation sont prélevées sur les recettes fiscales des collectivités les plus riches pour être réparties entre les collectivités les plus défavorisées en fonction de critères fixés par la loi. L'Etat ne s'implique pas dans le financement de ces nouveaux dispositifs.

3° La réforme de la fiscalité locale

Les critiques concernant la fiscalité directe locale sont multiples : évaluation indiciaire et vieillissement des bases d'imposition, caractère antiéconomique de l'assiette de la taxe professionnelle, inadaptation de l'assiette de la taxe d'habitation, superposition des impôts; elles alimentent un débat récurrent sur la réforme. Des propositions, des plus modestes aux plus ambitieuses, ont été avancées sans aboutir concrètement. La plus récente, celle de la «mutualisation» de la taxe professionnelle suggérée par le rapport du conseil des impôts de 1997 a rapidement suscité de nombreuses réactions négatives.

La seule réforme, de portée limitée, celle adoptée par la loi du 30 juillet 1990, décidant la révision générale des évaluations immobilières n'est pas encore entrée en application. L'incorporation des nouvelles évaluations dans les bases d'imposition a été reportée au 1er janvier 1999. Les problèmes de fonds demeurent posés.

B. *Les impôts spécialisés*

1° Les impôts communaux

Ce sont des impôts directs ou indirects qui ont un caractère obligatoire ou facultatif. L'ensemble de ces impôts représente en moyenne moins de 10 % de la fiscalité communale.

Certains ont été affectés aux communes parce qu'ils correspondent au financement de services traditionnellement assumées par elles : taxe d'enlèvement des ordures ménagères, taxe locale d'équipement et versement pour dépassement du plafond légal de densité en matière d'urbanisme, taxe d'usage des abattoirs. D'autres, à caractère facultatif, permettent aux communes de se procurer des ressources supplémentaires : taxe sur l'énergie électrique, taxes sur la publicité. Enfin certaines communes ayant des activités particulières (communes touristiques et thermales) peuvent percevoir des impôts liés à ces activités : taxe de séjour, taxe sur les remontées mécaniques, surtaxe sur les eaux minérales.

2° Les impôts départementaux

La fiscalité spécialisée des départements repose essentiellement sur des impôts transférés par l'Etat en contrepartie des transferts de compétences : droits d'enregistrement sur les mutations immobilières et taxe de publicité foncière; taxe différentielle sur les véhicules à moteur (vignette). Les départements perçoivent aussi différentes taxes additionnelles à des taxes communales (taxe locale d'équipement, taxe sur les remontées mécaniques...). Ces impôts constituent en moyenne environ 30% de la fiscalité départementale.

3° Les impôts régionaux

La fiscalité spécialisée des régions est dans une proportion très importante constituée par des impôts transférés par l'Etat en compensation des transferts de compétences : taxe sur les cartes grises, taxe sur les permis de conduire. Ces impôts représentent environ 40% des recettes fiscales régionales.

Les collectivités fixent les taux ou les tarifs de ces impôts dans les conditions prévues par la loi. Ils ne peuvent constituer de véritables instruments de politique fiscale.

§ 2 – LES CONCOURS FINANCIERS DE L'ÉTAT

Ils constituent une charge importante pour l'Etat (194 milliards de francs en 1995) et une ressource essentielle pour les collectivités. Il s'agit de dotations globales ou de subventions spécifiques. Le mouvement de décentralisation a entraîné une évolution dans le sens de la globalisation des aides financières plus respectueuse de l'autonomie locale. Cette tendance semble à l'heure actuelle partiellement remise en cause en particulier par la réforme récente de la DGE.

L'attribution des dotations n'est pas un mécanisme neutre. Si elles correspondent bien au souci de l'Etat de participer au financement des budgets en fonction des besoins des collectivités, les règles de répartition entre collectivités poursuivent aussi d'autres finalités : correction des inégalités de richesse fiscale, garantie de progression minimale d'une année sur l'autre, participation à la politique d'aménagement du territoire... La satisfaction de tous ces objectifs est d'autant plus difficile que l'Etat s'est engagé dans un processus de limitation de ses engagements financiers vis-à-vis des collectivités territoriales dans le cadre de la maîtrise des dépenses publiques. C'est le pacte de stabilité financière. Cette position est consacrée sur le plan juridique par l'article 32 de la loi de finances pour 1996 qui fixe les règles d'évolution des principales dotations pour trois ans.

Les dotations de l'Etat constituent des partcipations aux dépenses de fonctionnement ou aux dépenses d'investissement des budgets locaux.

A. *Les dotations de fonctionnement*

Ce sont des participations de l'Etat, libres d'emploi, affectées à la section de fonctionnement du budget. Elles ont été créées à des époques différentes pour répondre à des besoins de financement des collectivités territoriales liés à une conjoncture déterminée : suppression d'une recette fiscale, transferts de charges, prise en compte de problèmes spécifiques, en particulier aux petites communes (exemple dotation élu local, dotation de développement rural). Chaque dotation a ses propres modalités de répartition entre collectivités bénéficiaires.

1° La dotation globale de fonctionnement (DGF)

C'est la dotation de fonctionnement la plus ancienne et la plus importante quantitativement. Elle a été créée en 1979 pour remplacer le versement représentatif de la taxe sur les salaires, participation de l'Etat au financement des dépenses communales, institué en 1968 pour compenser la suppression de la taxe locale, la généralisation de la TVA ayant entraîné la disparition de cet impôt local.

Elle est versée aux communes, aux départements et à la région Ile-de-France selon des modalités de répartition spécifique à chaque catégorie de collectivité.

Le comité des finances locales, qui regroupe des représentants des différentes catégories de collectivités et des représentants de l'Etat, contrôle la répartition de la DGF. Il est par ailleurs consulté sur les projets gouvernementaux concernant les finances locales.

Les règles d'indexation et de répartition de la DGF ont été modifiées à plusieurs reprises depuis 1979.

Les principes actuels de répartition de la DGF communale ont été fixés par la loi du 31 décembre 1993. La DGF comprend deux fractions :

– Une *dotation forfaitaire* – 90 % de l'ensemble – qui correspond à la prise en compte des différentes fractions du système de la loi du 29 novembre 1985 gelées à leur niveau de 1993. Cette part est versée à toutes les communes. Elle évolue chaque année, automatiquement, pour toutes les communes et spécifiquement si la population d'une commune augmente.

– Une *dotation aménagement* qui comprend elle-même trois fractions :

• une dotation de solidarité urbaine versée aux communes de plus de 5 000 habitants proportionnellement à la faiblesse de leurs ressources et à l'importance des charges qu'elles supportent dans le domaine social ;

• une dotation de solidarité rurale attribuée d'une part aux communes dites « bourgs-centres » qui jouent un rôle structurant en matière d'aménagement du territoire si elles ont un potentiel fiscal faible et d'autre part aux communes de moins de 10 000 habitants ;

• une dotation réservée aux groupements de communes (*cf. infra.* section 3, paragraphe II).

Le choix des critères de répartition de ces dotations particulières constitue une réponse de l'Etat aux problèmes spécifiques de certaines communes mais il existe un risque de saupoudrage accru par le caractère faiblement évolutif du montant des dotations dans les années à venir.

2° La dotation générale de décentralisation (DGD)

Elle est créée par la loi du 7 janvier 1983. Elle compense les charges nouvelles supportées par les collectivités territoriales en raison des transferts de compétences de l'Etat, lorsqu'ils n'ont pas été financés par des transferts de fiscalité. Les communes, départements, régions y sont éligibles. Son montant a été déterminé à partir des crédits inscrits au budget de l'Etat au moment du transfert. Il évolue comme celui de la DGF.

La DGD ne regroupe pas toutes les compensations, il existe aussi des dotations spécifiques (dotation régionale d'équipement scolaire, dotation départementale d'équipement des collèges).

3° La dotation spéciale instituteurs

Le principe de sa création est posé par la loi du 2 mars 1982. Elle doit compenser la charge que représente pour les communes le logement des instituteurs ou l'indemnité de logement qui leur est versée. Cette dotation devrait à terme disparaître avec l'intégration des instituteurs dans le corps des professeurs des écoles.

B. *Les dotations d'investissement*

L'Etat participe traditionnellement au financement des investissements des collectivités territoriales. Cette aide repose sur une dotation globale d'équipement, un versement au titre du Fonds de compensation de la TVA (FCTVA) et des subventions spécifiques.

1° La dotation globale d'équipement

La création en 1983 d'une dotation globale d'équipement qui remplace partiellement les subventions spécifiques s'inscrit dans la logique de la décentralisation. Elle est libre d'emploi et versée uniformément à toutes les collectivités par application d'un taux de concours au montant des investissements qu'elles réalisent. Ce système est satisfaisant au plan des principes mais il se révèle inadapté aux besoins des petites communes, car le taux de concours est faible (moins de 3 %). Pour remédier à ce dysfonctionnement la loi du 29 novembre 1985 met en place de nouvelles modalités de répartition : la DGE est attribuée de façon différenciée en fonction de la taille des collectivités : pour les communes de moins de 2 000 habitants on revient au mécanisme des subventions spécifiques accordées par les préfets après avis d'une commission d'élus qui fixe les opérations prioritaires. Le régime du taux de concours est maintenu pour les autres communes.

La loi de finances pour 1996 met fin à ce dispositif. La dotation globale d'équipement est supprimée pour les communes de plus de 20 000 habitants. Elle est maintenue pour les autres mais répartie par les préfets sous forme de subventions après avis d'une commission d'élus. C'est l'abandon de la globalisation.

Les départements bénéficient aussi d'une dotation globale d'équipement reposant sur le mécanisme du taux de concours.

2° Le fonds de compensation de la TVA

Les collectivités territoriales et certains établissements publics bénéficient depuis 1981 du remboursement de la TVA qu'elles ont acquittée sur la réalisation de leurs investissements. Ce remboursement est affecté à la section d'investissement du budget et considéré par l'Etat comme une subvention d'investissement dont le montant est déterminé par le volume des investissements exécutés. Le taux effectif de remboursement est calculé sur la base du taux normal de TVA.

3° Les autres participations financières

Le dispositif de financement des collectivités territoriales est plus complexe que ne le laisse apparaître le système des dotations de l'Etat. Il existe d'autres modalités de participations financières de l'Etat lui-même : les subventions spécifiques accordées par les ministères subsistent; d'autres modalités de coopération financière sont organisées avec le développement des politiques contractuelles (contrats de plan Etat-région, contrats de pays, contrats de ville).

En outre, la relation Etat-collectivités territoriales n'est pas exclusive de collaborations financières entre collectivités. Le département joue traditionnellement un rôle important d'aide aux communes rurales. La vocation de la région en matière de coordination du développement la conduit à contribuer au financement des dépenses des autres échelons de l'administration territoriale. Les collectivités territoriales participent aussi à des dépenses de l'Etat, par exemple dans le secteur de l'enseignement supérieur.

L'Union européenne peut aussi contribuer au financement du développement local, par l'intermédiaire des fonds structurels ou de programmes plus spécifiques (programmes d'initiative communautaire).

Ce système de financements croisés permet, dans un contexte caractérisé par une évolution peu satisfaisante des recettes publiques, de mobiliser des fonds provenant d'origines diverses. Mais cette forme de coopération suscite aussi certaines critiques; elle va à l'encontre du principe des blocs de compétence posé par la loi du 2 mars 1982; elle peut nuire à la clarté des responsabilités financières.

§ 3 – L'EMPRUNT

L'emprunt constitue pour les collectivités territoriales un moyen de financement indispensable pour la réalisation de leurs investissements et il est en principe exclusivement réservé à cette finalité. Les investissements nécessaires à la mise en œuvre d'une politique de développement local représentent une charge qui ne peut être entièrement supportée par le budget de la collectivité, même si elle a la possibilité de dégager une marge d'autofinancement. Le financement de ces dépenses implique le recours à un financement externe dont la charge peut être étalée dans le temps.

La décision d'emprunter est une décision importante soumise à un certain formalisme juridique; elle engage la collectivité pour l'avenir sur le plan financier. La décentralisation d'une part, l'évolution du contexte économique d'autre part ont considérablement modifié depuis le milieu des années 80 les conditions d'accès des collectivités à l'emprunt. Le régime juridique s'est libéralisé, le marché des prêts s'est diversifié.

A. *Le régime juridique de l'emprunt*

La loi du 2 mars 1982 reconnaît aux collectivités une grande liberté d'emprunter. L'emprunt relève normalement d'une délibération de l'assemblée soumise à un simple contrôle de légalité. Si la collectivité décide de faire appel à l'épargne publique en émettant un emprunt obligataire, l'autorisation du ministre des Finances ou, par délégation, du préfet est nécessaire. L'exécutif négocie les conditions du prêt et signe le contrat. Il engage la collectivité à faire face au paiement des intérêts et au remboursement du capital qui constituent des dépenses obligatoires. Le choix des modalités du contrat est conditionné par la situation financière de la collectivité, la nature de l'investissement, les conditions du marché. Ces critères peuvent être pris en compte de façon différente dans un environnement qui laisse aux collectivités une marge de liberté de négociation.

L'engagement des collectivités en matière d'emprunt peut découler non seulement d'une décision directe de la collectivité, mais aussi de l'acceptation de garantir un emprunt contracté par un autre organisme public ou privé. Cette décision est prise par l'assemblée élue car elle engage financièrement la collectivité en cas de défaillance de l'emprunteur; mais elle ne donne lieu jusqu'en 1997 à aucune inscription budgétaire. La loi du 5 janvier 1988 d'amélioration de la décentralisation et la loi du 22 juin 1994 portant dispositions financières et comptables relatives aux collectivités locales intègrent des dispositions de nature à limiter les conséquences de garanties accordées dans des conditions dangereuses : fixation de pourcentages de plafonds d'engagements, inscriptions de dotations aux provisions pour risques.

B. *Le marché des prêts aux collectivités territoriales*

Il évolue fondamentalement au milieu des années 80 sous la conjonction de deux facteurs : la liberté d'emprunter reconnue aux collectivités et la banalisation du régime des prêts. Cette évolution se manifeste sur un double plan : on assiste à une diversification des organismes prêteurs et des produits financiers.

1° Les organismes prêteurs

On abandonne un système dit «administré» dans le cadre duquel les collectivités empruntaient à des partenaires institutionnels : circuit Caisse des dépôts et consignations, caisses d'épargne, Caisse d'aide à l'équipement des collectivités locales, Crédit agricole, Crédit mutuel. Ces organismes consentaient aux collectivités territoriales des prêts à des taux privilégiés. Depuis le milieu des années 80, les collectivités empruntent auprès de l'ensemble des établissements financiers et comptent ainsi pouvoir faire jouer la concurrence et obtenir des conditions d'accès au crédit plus favorables. Les banques espèrent beaucoup de cette nouvelle clientèle, qui, sur le fondement des textes législatifs, leur semble sans risque. Cette garantie les conduit à prêter en l'absence de renseignements sérieux sur la situation financière des collectivités. Les difficultés rencontrées par certaines d'entre elles mettent rapidement fin à l'euphorie. Les banques sont à l'heure actuelle beaucoup plus soucieuses de la connaissance de la couverture financière des emprunteurs. La notation des grandes collectivités qui est fonction de leur situation financière devient un élément déterminant des conditions d'octroi du crédit.

Cet état de fait pénalise les collectivités qui sont déjà en difficulté et qui ne peuvent obtenir des crédits que dans des conditions onéreuses.

Les nouveaux organismes prêteurs pour conquérir ce marché ont eu le souci de leur offrir des produits financiers adaptés à leurs besoins.

2° Les produits financiers

Les prêts traditionnellement destinés aux collectivités étaient des prêts de longue durée (quinze ans) à taux fixe et annuités constantes qui ne posent pas de problèmes de gestion. Les nouveaux produits qui leur sont offerts sont beaucoup plus diversifiés et plus sophistiqués. Ils peuvent leur permettre de faire un choix qui corresponde au mieux à leur situation financière.

Ces produits financiers peuvent être regroupés en trois grandes catégories : les prêts à taux variables ou révisables, les prêts en devises, les crédits de trésorerie. Les modalités de prêts traditionnels subsistent.

– Les prêts à taux variables : ils sont caractérisés par le fait que le contrat de prêt prévoit que le taux d'intérêt est révisé chaque année en fonction d'un indice de référence (le taux du marché obligataire, le taux du marché monétaire...). La collectivité peut espérer réaliser des économies sur les frais financiers. Ce type de prêts s'accompagne de multiples variantes (assurances, échanges de taux...).

– Les prêts en devises : la logique d'emprunter en devises étrangères ou souvent en écus correspond au souci de profiter de taux d'intérêt moins élevés mais la contrepartie en est le risque de variation du taux de change.

– Les crédits de trésorerie : ce sont des ouvertures de crédit consenties à très court terme par les banques pour la gestion de la trésorerie des collectivités qui veulent optimiser leur besoin de trésorerie. Une circulaire ministère des Finances – ministère de l'Intérieur du 22 février 1989 fixe le cadre juridique dans lequel peuvent se réaliser ces opérations. Elles ne constituent pas des ressources budgétaires et ne peuvent donner lieu à aucune inscription budgétaire.

Le développement de ces instruments financiers est le reflet des préoccupations nouvelles des élus locaux. Ils leur permettent d'avoir une véritable politique de gestion de la dette et de gestion de la trésorerie. Ils peuvent y trouver un gisement d'économies dans un contexte marqué par la stagnation des autres ressources. Mais il s'agit d'un domaine complexe, porteur de risques, auquel toutes les collectivités n'ont pas accès faute de capacités d'expertise suffisante.

SECTION III
LES ASPECTS FINANCIERS DE LA COOPÉRATION ENTRE COLLECTIVITÉS

La dimension financière des problèmes de coopération entre collectivités est essentielle. Le régime financier constitue, pour les élus locaux, un élément déterminant dans le choix d'une structure de coopération. La coopération peut être un instrument privilégié de la politique de solidarité financière menée par l'Etat. Elle permet, non seulement de corriger les disparités de richesses existantes, mais aussi de promouvoir un développement local futur plus équilibré.

Le statut juridique d'un organisme de coopération est toujours celui d'établissement public. Mais au-delà d'un régime financier commun, les structures de coopération se différencient par la gestion plus ou moins intégrée de la fiscalité directe et par les incitations financières de l'Etat prévues pour certains organismes de coopération.

§ 1 – LE RÉGIME FINANCIER COMMUN

Les organismes de coopération ont un budget propre voté par leur conseil élu. Il est soumis aux principes du droit budgétaire et aux règles de la comptabilité publique qui s'appliquent aux budgets des collectivités territoriales.

Les dépenses qui y sont inscrites correspondent soit aux choix de compétences faits par les collectivités membres, soit aux compétences obligatoires déterminées par la loi. Les établissements publics de coopération disposent de ressources provenant de l'exploitation des services qui leur ont été confiés, d'impôts qui correspondent à des attributions qu'ils mettent en œuvre (par exemple la taxe d'enlèvement des ordures ménagères, la taxe de séjour). Ils ont accès à l'emprunt.

Les autres recettes fiscales obéissent à des règles différentes suivant le type d'organisme de coopération.

§ 2 – LA FISCALITÉ DIRECTE

Le financement des budgets des Etablissements publics de coopération intercommunale (EPCI) repose sur la mise en commun des ressources de la fiscalité directe. On distingue trois modes de financement des dépenses communes par ces impôts ; ils constituent le critère de classification des organismes de coopération.

A. *Les organismes de coopération sans fiscalité propre*

Ce sont les syndicats de communes à vocation unique ou à vocations multiples, syndicats mixtes. La contribution due par chaque commune membre est déterminée en fonction des critères (population, potentiel fiscal...) fixés par les statuts. La participation financière à l'EPCI se traduit pour la commune-membre par l'inscription dans le budget d'une dépense obligatoire. Dans le cas où la contribution est fiscalisée, la participation financière déterminée comme précédemment est financée par un prélèvement fiscal.

B. *Les organismes de coopération à fiscalité propre additionnelle*

Les organismes de coopération à fiscalité propre additionnelle sont les districts, les communautés urbaines, les communautés de communes. Dans ces structures c'est le conseil élu qui dispose du pouvoir fiscal; il fixe les taux d'imposition, les abattements qui vont s'appliquer aux bases d'imposition des communes membres. Ce prélèvement apparaît sur l'avis d'imposition et permet donc au contribuable d'identifier la part de son impôt due à l'EPCI. Ce mécanisme, s'il traduit une véritable intégration, a l'inconvénient de créer des différences de traitement entre communes membres puisque que le taux des impôts déterminés par le conseil s'applique à des bases différentes. Dans certains cas des compensations peuvent être reversées pour corriger les inégalités de situation.

Le coefficient d'intégration fiscale dont la définition est donnée par l'article L. 5211-33 du CGCT mesure la part du potentiel fiscal qui est mobilisée par l'organisme de coopération. Il est pris en compte dans la détermination des attributions au titre des dotations de l'Etat.

C. *Les organismes de coopération à fiscalité spécialisée*

Les syndicats d'agglomérations nouvelles, les communautés de villes créées par la loi du 6 février 1992 ont un régime fiscal qui repose sur le transfert complet d'un impôt – la taxe professionnelle – à l'organisme de coopération. C'est le conseil de l'EPCI qui décide du taux de l'impôt qui s'appliquera dans toutes les communes membres. La mise en place du système nécessite une période transitoire d'harmonisation des taux pratiqués antérieurement. Le produit de cet impôt sert à financer les charges résultant des compétences transférées; le solde est reversé aux communes membres sous forme d'une dotation de compensation et d'une dotation de solidarité communautaire.

Les communes continuent de percevoir les taxes foncières et la taxe d'habitation.

Il s'agit donc d'une gestion commune de la taxe professionnelle qui permet de corriger les disparités dont sa répartition géographique est génératrice et d'organiser le développement économique et l'aménagement de l'espace dans un cadre adapté.

Cette nouvelle forme de coopération n'a pas rencontré un grand succès car il est rare que toutes les communes membres y trouvent leur interêt sur le plan financier.

§ 3 – LE RÉGIME DES CONCOURS FINANCIERS DE L'ÉTAT

La participation de l'Etat au financement des organismes de coopération relève de la logique générale d'aide de l'Etat aux collectivités territoriales. Le critère retenu pour l'accès aux dotations est celui de la fiscalité propre : les districts, communautés de communes, communautés urbaines, communautés de villes, syndicats d'agglomérations nouvelles sont éligibles à la DGF répartie suivant des modalités particulières, à la dotation générale de décentralisation si l'EPCI a en charge des compétences transférées, à la dotation globale d'équipement, au FCTVA.

L'Etat peut aussi assortir ses concours financiers d'avantages spécifiques destinés à favoriser le développement de la coopération. Chaque fois qu'un nouveau dispositif est mis en place, il utilise cette technique et la loi du 6 février 1992 comporte des dispositions de cette nature.

A. *La dotation globale de fonctionnement (DGF)*

Une fraction de la dotation aménagement de la DGF est affectée aux groupements de collectivités. Le Comité des finances locales en fixe chaque année le montant. La somme ainsi déterminée est répartie entre les différentes catégories d'organismes (communautés de communes et districts, communautés urbaines, communautés de villes, syndicats d'agglomération nouvelle) puis à l'intérieur de chaque catégorie entre les EPCI. Les modalités de répartition sont spécifiques; chaque organisme de coopération reçoit une dotation de base calculée en fonction de la population pondérée par le coefficient d'intégration fiscale et une dotation de péréquation déterminée à partir du potentiel fiscal pondéré par le coefficient d'intégration fiscale (art. L. 5211-33 du CGCT).

L'augmentation du nombre de structures nouvelles pose le problème du poids du financement de l'intercommunalité sur la dotation globale de fonctionnement dans un contexte marqué par le souci de l'Etat de limiter son engagement financier.

La loi du 6 février 1992 introduit une mesure incitative : les communautés de communes et les communautés de villes bénéficient de la DGF l'année même de leur création.

B. *Les autres mesures d'incitation*

Le versement au titre du FCTVA intervient l'année même de la réalisation des investissements et non deux ans après, pour les communautés de communes et les communautés de villes.

Les subventions spécifiques, les politiques contractuelles peuvent privilégier le financement de projets portés par des structures de coopération. D'autres partenaires des collectivités – certains conseils généraux, la Commission européenne, la Banque européenne d'investissement – ont tendance à adopter une attitude semblable dans leur stratégie de participation financière. De telles mesures peuvent avoir un effet positif, mais elles comportent aussi le risque d'entraîner des comportements opportunistes qui consistent à créer des structures pour bénéficier des avantages financiers offerts par l'Etat sans que celles-ci soient porteuses d'une véritable dynamique de coopération à long terme.

Conclusion

Le mouvement de décentralisation engagé à partir du début des années 80 a bouleversé le modèle traditionnel de l'organisation du territoire. Le rééquilibrage entre le rôle de l'Etat et celui des collectivités territoriales a modifié les relations entre l'Etat et le pouvoir local. Après dix années d'application de la réforme de la décentralisation, le droit doit s'adapter. Les objectifs du nouveau mouvement législatif sont multiples. Il s'agit tout d'abord de réaffirmer le pouvoir des autorités déconcentrées face aux pouvoirs locaux. De plus, les lois multiplient les dispositions pour la mise en œuvre d'une véritable démocratie locale. Enfin, les dispositifs en matière de contrôle et de transparence sont de plus en plus nombreux. Les collectivités territoriales sont devenues des centres de décisions essentiels de l'action publique.

BIBLIOGRAPHIE SOMMAIRE

AJDA, « Délégation de service public », 1996, n° 9.

CGCT : *Code général des collectivités territoriales*, Dalloz, 1996.

AUBY (J.-B.) et AUBY (J.-F.), *Droit des collectivités locales*, PUF, Coll. Thémis, 1990.

DREYFUS (F.) et D'ARCY (F.), *Les institutions politiques et administratives de la France*, 5e éd., Economica, 1997.

BACOYANNIS (C.), *Le principe constitutionnel de libre administration des collectivités territoriales,* Presses universitaires d'Aix-Marseille, Economica, 1993.

BOUVIER (M.), *Les finances locales*, LGDJ, Coll. Systèmes, 4e éd. 1996.

Conseil d'Etat, *La responsabilité pénale des agents publics en cas d'infractions non intentionnelles*, La Documentation française, 1996.

CHAUVIN (F.), *La responsabilité des communes,* Dalloz, Coll. Connaissance du droit, 1996.

GRÉMION (P.), *Le pouvoir périphérique*, Seuil, 1976.

LEGENDRE (P.), *Histoire de l'administration de 1750 à nos jours*, PUF, Coll. Thémis, 1968.

MABILEAU (A.), « Le cumul des mandats », *Regards sur l'actualité*, mars 1991, p. 17 à 29.

Le système local en France, Montchrestien, Coll. Clefs, 1991.

MOREAU (J.), *Administration régionale, départementale et municipale*, Dalloz, Coll. Mémentos, 11e éd., 1995.

MUZELLEC (R.), *Finances locales,* Dalloz, Coll. Mémentos, 2e éd., 1995.

QUERMONNE (J.-L.), *L'appareil administratif de l'Etat*, Seuil, Coll. Points politique, 1991.

RÉMOND (B.) et BLANC (J.), *Les collectivités locales*, Dalloz, Coll. Amphithéâtre, 1995.

SCHRAMECK (O.), *La fonction publique territoriale*, Dalloz, Coll. Connaissance du droit, 1995.

TABLE DES MATIÈRES

Achevé d'imprimer par Corlet, Imprimeur, S.A.
14110 Condé-sur-Noireau (France)
N° d'Imprimeur : 27781 - Dépôt légal : novembre 1997
Imprimé en C.E.E.